공감
생활예절

공감 생활예절
가정에서 비즈니스 현장까지

1판 1쇄 발행 | 2015년 1월 10일
1판 2쇄 발행 | 2015년 10월 15일

지은이 | 성균예절차문화연구소
펴낸이 | 김경배
펴낸곳 | 시간여행
편 집 | 이진의 · 정지은
일러스트 | 심승희
본문 디자인 | 서진원
등 록 | 제313-210-125호 (2010년 4월 28일)
주 소 | 서울시 마포구 양화로 6길 9-24(서교동 동우빌딩 3층)
전 화 | 070-4032-3664
이메일 | jisubala@hanmail.net

종 이 | 화인페이퍼
인 쇄 | 천광인쇄

ISBN 979-11-85346-08-3 (13380)

이 책의 국립중앙도서관 출판시도서목록(CIP)은 e-CIP 홈페이지(http://www.nl.go.kr/ecip)와
국가자료공동목록시스템(http://www.nl.go.kr/kolisnet)에서 이용하실 수 있습니다.
(CIP 제어번호: CIP2014038016)

가정에서 비즈니스
현장까지

공감
생활예절

Etiquette for Everyday

성균예절차문화연구소 지음

시간
여행

예절의 작은 실천이
우리 사회의 빛이 되다

세상 어떤 일도 갑자기 일어나지는 않는다고 합니다.

갑작스레 쓰러지는 환자도 알고 보면 이미 병의 징후가 있고, 큰 재난도 이미 일어나기 전에 수많은 조짐이 보이기 마련입니다. 일이 벌어지기 전에 미리 아는 것을 사리(事理)를 안다고 하지요.

《도덕경》에서는 어떤 큰일이든 반드시 조그만 것에서 시작된다고 말합니다.

천하의 어려운 일은 반드시 쉬운 것에서 시작된다.

천하의 큰일은 반드시 미세한 것에서 시작된다.

天下難事(천하난사) 必作於易(필작어이)

天下大事(천하대사) 必作於細(필작어세)

- 도덕경 63장

일상에서의 말과 행동은 순간 나타나는 현상이지만, 그 안에는 평소의 생각과 인품이 농축되어 있습니다. 이때 드러나는 생각과 인품에는 어릴 때의 가정교육, 학교교육이 절대적인 영향을 미칩니다. 특히 성장기의 기본 생활예절교육과 인성교육은 개인의 인생을 좌우하며, 더 나아가 국민성에까지 영향을 줍니다.

이렇듯 현대사회에 인성을 기반으로 한 생활예절교육이 절실히 요구됨에도 불구하고, 아직 다수의 사람들은 우리의 삶 속에서 예절에 내재된 의미와 중요성을 깨우치지 못하고 있는 실정입니다.

이러한 시점에 성균예절차문화연구소에서 출간하는 생활예절서는 개인과 사회에 기틀이 되어 우리 사회의 빛으로 작용할 것입니다. 학교교육 현장에서는 물론 각 가정마다 온 가족의 필독도서가 되어, 이 책을 통해 생활의 지혜를 얻고 바른 행동양식을 습득하게 될 것입니다. 특히 성장기 청소년들이 이 예절서를 접하여 자신의 행동을 되돌아보고, 남을 배려하는 삶을 지향하는 계기가 되어 소통의 지혜를 터득할 수 있기를 바랍니다.

공감과 소통을 핵심 주제로 강조한 생활예절서《공감 생활예절: 가정에서 비즈니스 현장까지》의 출간을 다시 한 번 축하합니다. 예절을 습득함으로써 생활 속에서 쉽고 미세한 일도 소중히 여길 수 있는 사려와, 맑고 따뜻한 사회를 가꾸는 동력을 쌓아가기를 희망합니다.

성균관대학교 생활예절다도전공
주임교수 조희선

신뢰하는 사회를 위한
첫걸음, 예절

오늘날 사회의 화두는 '소통'이다.

사람이 사회를 형성하는 것은 타인과 관계를 맺고 소통하기 위해서다. 관계와 소통을 통해 우리는 삶의 영역을 넓히고 더 나은 삶을 살 수 있다. 하지만 최근 들어 소통을 회피하고 자기만의 영역을 쌓아 그 속에서만 살고자 하는 사람들이 늘어가고 있다. 본래 서로를 이해하고 가치와 규범을 공유하기 위한 소통이, 효율과 간결함만을 중시하는 현대사회에서 단순히 이익을 추구하고 목적을 이루기 위한 수단으로 변질되었기 때문이다.

그러나 개인 간의 관계와 소통은 사회를 구성하는 근간이다. 독일의 사회철학자 하버마스(Jurgen Habermas)는 구성원들이 어떤 전략이나 목적을 위해서가 아니라 순수하게 서로를 이해하기 위해 소통하고, 이렇게 공유된 규범과 가치가 사회에서 중요하게 다루어지는 의사소통적 합리성(communicative rationality)을 확보할 때 사회는 더욱 인간적인 곳이 될 것이라 말하고 있다.

또한 앞으로의 사회는 첨단기술과 아날로그적 감성이 만나 고도의 가치를 창출하며, 빠른 변화 속에서 변하지 않는 중심으로서 인간의 가치는 더욱 중요할 것이다. 인간은 사람과의 관계 속에서 자신의 근본적 정체성을 찾고 새로운 가치를 발견한다. 따라서 앞으로 찾아올 인간 중심 사회란 관계 중심 사회라고 해도 과언이 아닐 것이다.

이처럼 세상은 관계와 소통을 절실하게 요구하지만 현실에서는 집단 간, 세대 간에 단절만이 깊어지고 개인의 고독이 심화되고 있는 상황이다. 따라서 진정한 관계 맺기를 위한 소통의 방법을 고민하고 공유해야 한디. 오늘날 '예(禮)'가 다시금 중요해지는 것은 이 때문이다.

예(禮)란 인간관계를 형성하는 규칙이자 사회에 보편적으로 통용되는 소통의 수단이다. 또한 서로를 배려하고 자연스럽게 소통하기 위해 오랜 시간 인류가 누적해온 배려의 기술이다. 소통을 위해서는 일방적으로 내 입장만 내세워서도 안 되고, 무조건 남에게 맞춰 주어서도 안 된다. 스스로 당당하면서도 상대방을 배려하고 소통하고자 하는 자세를 보여주는 방법을 예에서 찾을 수 있다. 따라서 예는 단순한 형식이 아니라 좋은 관계 맺음에 필요한 기본적 구성요소 중 하나인 것이다.

더불어 예에는 그 사회가 중요하게 여기는 가치가 담겨 있다. 사회에 통용되는 예를 알고 지키는 것은 가치의 공유를 확인하고 마음을 열어 소통을 시작하는 바탕이 된다. 예가 소통을 만들고 소통이 관계를 만든다. 소통이 잘 되는 사회는 상호 신뢰가 오가는 사회가 된다. 그 어느 때보다 소통의 중요성이 강조되고 있는 오늘 진정한 소통의 방법은 예를 드높이는 것이다. 공자는 《논어》〈안연편〉에서 "非禮勿視 非禮勿聽 非禮勿言 非禮勿動(예가 아니면 보지 말고, 예가 아니면 듣지 말며, 예가 아니면 말하지 말고, 예가 아니면 움직이지 말라)"고 하여 예의 중요성을 강조했다. 매사에 예에 따라 말하고 행동하는 사람을 가장 바람직한 사회구성원으로 본 것이다.

또한 예는 상대적인 것이자 끊임없이 변해가는 것이다. 예는 사회 속에서 존재하는 규칙이기 때문에 사회가 변해가면 예의 근본적 정신과 내용도 역시 그에 맞게 달라짐이 당연하다. 예를 가리키는 용어부터 '예절', '매너', '에티켓' 등으로 폭넓어져 왔으며, 담겨 있는 생각과 형식도 눈에 띄게 달라지고 있다. 특히 세계 각국과의 교류가 활발해지고 있는 지금 개개인이 갖춘 글로벌 매너가 그 나라 문화의식의 척도가 되기도 한다. 즉 예를 통해 진정한 소통을 실현하기 위해서는 전통적이고 보편적인 예와 새롭게 요구되는 예 양쪽을 모두 알고 실천할 필요가 있다 하겠다.

이러한 시대적, 사회적 요구에 따라, 성균예절차문화연구소에서는 소통하는 사회를 위한 예절 지침서를 만들고자 하였다. 성균관대학교 생활과학대학원에서 생활예절다도를 전공한 성균예절차문화연구소 연구원들이 오랫동안 축적된 연구와 다년간의 경험을 바탕으로 현대사회와 다가올 미래사회에 맞는 예절과 매너, 에티켓 등을 총정리한 것이 이 책《공감 생활예절: 가정에서 비즈니스 현장까지》이다. 우리 고유의 예를 바탕으로 하되, 현대사회에서 행복한 관계와 소통을 누리기 위해 필요한 덕목들을 구체적으로 제시하였다. 일반인과 교사 및 학생들이 예를 알고 실천할 수 있도록 하고, 원활한 소통과 조화로운 관계 맺기, 나아가 서로 신뢰하는 사회 구축을 위한 지침을 전하는 것이 책의 목적이다.

전체 총 6장으로 구성하였으며, 관계의 중심이 되는 나 자신을 내면과 외면 양쪽에서 가다듬고 키워나가는 것을 시작으로 삼았다. 자신을 돌아보고, 남을 배려할 수 있는 적극적이고 긍정적인 마음을 쌓으며 호감을 쌓기 위한 구체적인 방법을 다루었다.

더불어 우리 각자는 한 명의 개인이지만 가족의 일원이기도 하고, 직장의 일꾼이기도 하며 사회의 구성원이기도 하다. 내가 가진 다양한 역할에 따라 요구되는 마음가짐과 행동규범이 달라진다. 각 장에서는 다양한 공동체의 구성원으로서의 소통,

관계, 성취의 비결을 예절이라는 큰 틀 안에서 통합하여 제시하였으며, 입장과 상황에 따라 달라지는 예절을 찾아보기 쉽게 분류하였다.

혼인과 사랑에 대한 개념이 빠르게 변화하고 있는 요즈음, 행복한 가정을 이루고 꾸려나가기 위해 갖추어야 할 기본적이고 보편적인 예의와 절차를 소개하였으며, 세월이 바뀌어도 그 중요함과 무게가 변하지 않는 관혼상제를 전통과 현대 양쪽의 관점에서 살폈다. 마지막으로 인터넷 예절, 국제사회 예절 등 새로운 사회에 필요한 새로운 예절 역시 보편적인 관점에서 소개하였다. 풍부한 삽화로 이해를 돕고 친숙함을 유도하였으며, 구체적인 설명과 사례 제시로 실생활에 실전직 도움이 되고자 하였다.

책에서 다루는 각종 예절은 모두 다른 내용이지만 나와 남을 배려하며 진정한 관계를 만들어가기 위한 지침이라는 점은 동일하다. 이 책을 통해 독자들이 소통의 의미를 되새기고 행복한 인간관계를 만들어가기를, 나아가 소통하는 사회, 신뢰하는 사회를 누리기를 희망해 본다.

끝으로 이 책을 출판하기 위해 협조해 주신 성균관대학교 조희선 교수님, 성균관대학교 생활예절다도전공 동문회장님과 동문들 그리고 성균예절차문화연구소의 연구원들께 깊은 감사를 드린다.

2014년 12월 26일
구자완

차례

4장. 인생의 가장 특별한 날, 관혼상제

예절은 행동양식이지만 그 근본에는 마음가짐이 있다.

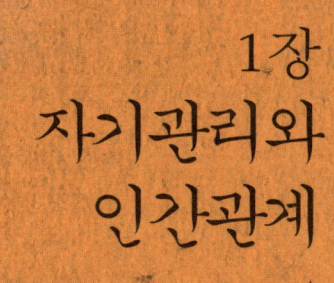

1장
자기관리와
인간관계

허미희

관계의 시작,
나 가다듬기

우리는 행복하게 살기 위해 매일 최선을 다한다. 그런데 행복에 필요한 것은 무엇일까?

미국 하버드대에서는 1930년 후반부터 70년에 걸쳐 하버드 대학생 268명을 대상으로 행복하고 성공한 사람들의 삶의 특성에 대한 연구를 진행해왔다. 연구팀의 조지 베일런트(George Vaillant) 교수가 내린 결론은 세상에서 가장 소중한 것은 인간관계라는 것이었다. 수십 년 간 행복에 대해 연구해온 심리학자 에드 디너(Ed Diener)와 로버트 비스워스 디너(Robert Biswas Diener) 역시 이렇게 말했다. "사회적 관계는 공기나 물처럼 생명을 유지하기 위한 필수요소이다." 인간은 행복해지기 위해 부와 성공, 명예 등을 추구하기도 하지만, 사회적 동물이기 때문에 사람들과 더불어 살면서 그 안에서 느끼는 행복감을 소중하게 생각한다는 것이다.

또한 관계는 성공과도 밀접한 연관이 있다. 우리는 성장 과정에서 많은 실패와 좌절을 경험한다. 그때마다 주변에서 지지와 격려를 받을수록 회복이 빨라지고 열정적으로 목표를 향해 나아갈 수 있다. 관계가 개인의 잠재력을 끌어올리는 마중물의 역할을 한다고 볼 수 있다. 스탠퍼드대학 경영학 교수 짐 콜린스(Jim Collins)는 저서 《좋은 기업을 넘어 위대한 기업으로》에서 "위대한 기업에서 만난 사람들 모두 자신이 하고 있는 일을 끔찍이 사랑하고 있었다. 그리고 그 사랑의 원천은 함께 일하는 동료들에 대한 각별한 신뢰였다."고 하였다. 직장에서 동료들로부터 받은 신뢰가 일을 사랑하는 마음을 갖게 하고 가장 좋은 동기부여가 되어준 것이다. 이렇듯 타인과의 좋은 관계를 위해 노력하는 것은 스스로를 위한 것이다. 그리고 좋은 관계는 나 자신에서부터 시작한다.

01 나의 성장을 위한 자기관리

● 나는 누구인가 알아보기

인간은 태어나면서부터 사회적 관계 속에서 삶을 영위한다. 부모와 자녀 사이의 친족관계에서 시작하여 친구, 사제, 동료 등 다양한 관계를 맺어가게 된다. 그런데 각각의 관계가 나에게 요구하는 모습은 저마다 다르다. 이는 사회와 문화로부터도 많은 영향을 받는다. 이 과정에서 나는 세상이 요구하는 '꾸며진 나'의 모습으로 살면서 '본질적인 나'는 묻어놓게 된다. 특히 현대인은 역사상 가장 다양하고 복잡한 사회관계망 속에서 살아가기에 '본질적인 나'와 '꾸며진 나' 사이에서 일어나는 갈등으로 정신적 에너지를 많이 소모한다. 이런 소모를 줄이기 위해서는 자기 자신이 어떤 사람인지 스스로 인식할 필요가 있다. 가끔은 잠시 스스로에게 질문하는 시간을 가져보자.

나는 누구인가 5분 명상

의자에 앉은 자세로

허리는 곧게 하고

어깨의 힘을 빼고

조용히 눈을 감고

숨은 고르게 하여

편안한 마음으로

자신의 내면의 소리를 들어본다

　나를 제대로 안다는 것은 나만의 고유한 특성이 무엇인지를 찾아낸다는 것이다. 나와 같은 사람은 이 세상에 단 한 명도 없다. 자신을 타인과 비교하면 자부심이 낮아지고 부정적이 되기 쉽지만, 자기만의 고유한 특성을 아는 사람은 긍정적이며 자신을 소중하게 생각한다. 다른 사람으로부터 받는 사랑도 귀하지만 스스로 자신을 사랑하는 자기애(自己愛)는 자신에게 큰 힘을 주고 매사에 동기부여를 해준다. 더불어 자기 장점을 알고 스스로 인정할 때 긍정적인 에너지가 생성된다. 나의 고유한 장점은 무엇인가?

나에 대해 생각하고 알게 된 나만의 장점 5가지를 종이에 적어보자. 적을 때는 1인칭으로 긍정적인 언어를 사용하여 적는다.

나는 _____ 이다.
나는 _____ 이다.
나는 _____ 이다.
나는 _____ 이다.
나는 _____ 이다.

● 나의 긍정성 강화하기

긍정적인 사람은 자기 자신을 귀한 사람으로 인식하고 소중히 한다. "나는 나를 사랑한다."란 마음으로 자신을 돌보고 가꾸어야 한다.

남을 돕고 나누는 행동은 자신의 긍정성을 크게 키워준다. 정신적인 도움이든 물질적인 도움이든 좋다. 다른 사람에게 도움을 준다는 것은 곧 자기 자신을 가치 있는 사람으로 인정한다는 것이다. 함께 나누는 기쁨을 통해 삶의 가치를 느끼며, 좋은 인간관계를 맺을 수 있다.

최근에 나와 함께하는 사람들이 누구인가를 생각해보자. 어떤 사람들과 함께하느냐에 따라 나의 사고체계가 달라진다. 긍정적이고 목표가 분명한 사람들과 함께하면 그 에너지가 나에게 그대로 전달된다. 반대로 지나간 잘못에 집착하는 사람들에게 영향을 받으면 죄의식이나 후회에서 빠져나오지 못하고, 실패를 지나치게 두려워하게 되어 새로운 도전을 하기 어렵다. 긍정적인 사람들의 사고체계를 닮아가는 내가 될 수 있도록 한다. 자신의 오점을 용서하고 장점을 인정하는 것은 새로운 도전의 디딤돌이다. 아침에 일어나면 오늘 하루를 긍정적으로 기대하는 마음을 가져보자. 기대 이상의 성과가 나타날 것이다.

긍정적인 사람이 되기 위해서 매일 반복적으로 긍정적인 자기암시를 한다. 오늘 아침 잠에서 깨어 무의식중에 떠오른 첫 생각은 무엇인가? 몸과 마음이 깨어있지 않은 상태에서 아침의 첫 생각이 긍정적이면, 그 생각이 하루 종일 뇌를 자극하여 '긍정적인 생각'에 머물게 된다. 오늘 아침에 한 긍정적인 생각을 바로 언어로 표현해보자. 예를 들면 "나는 나를 사랑한다.", "나는 할 수 있다.", "오늘은 좋은 일이 있을 것이다."라고 반복해서 말해보자.

- 오늘 아침의 첫 생각은 무엇인가?
- 긍정적인 첫 문장을 종이에 적어본다. 1인칭 현재 시제로 적는다.
- 작성된 첫 문장을 큰 소리로 10회 반복해서 말한다.

좋은 습관은 인생을 바꾼다. 행동을 반복하면 습관이 된다. 미국의 동기부여 전문가 브라이언 트레이시(Brian Tracy)는 "잘못된 습관을 바꾸거나 새로운 행동을 습관화할 때 같은 행동을 21일 동안 매일 꾸준히 반복하면 그 행동은 습관이 된다."고 하였다. 지금 바꾸고 싶은 습관이 있다면 21일 간 매일 동일한 행동을 반복해 보자. 새로운 행동이 습관이 되고 습관은 곧 그 사람의 인격으로 나타나 운명까지 바꾼다.

자신에게 선물을 해본 경험이 있는가? 선물은 받는 사람을 기쁘게 할 뿐 아니라 격려와 칭찬의 의미도 된다. 특히 내 자신에게 하는 선물은 목표를 위해 한발 더 나아갈 수 있는 강한 동기부여가 된다. 원하는 목표를 이루었을 때 자신에게 선물을 해보자. 자신이 매우 자랑스럽고 더 소중한 존재로 인식될 것이다. 매일 해야 할 일을 적어두고, 그 일을 잘 마무리하면 작은 선물을 정성스럽게 준비해 자신에게 주면서 "○○ 씨 당신은 오늘 최고였어요. 나는 ○○ 씨가 자랑스러워요."라고 말해보자.

- 오늘 해야 할 일 :
- 결과 : (1~10점 까지 점수로 표시한다)
- 받고 싶은 선물 목록 :

미래에 대한 비전이 있는 사람은 하루를 긍정적이고 에너지 넘치게 생활할 수 있다. 반면 매사에 부정적인 사람은 늘 기운이 없고 미래에 대한 기대보다 과거의 자신에게 매달려서 벗어나지 못한다. 따라서 하루 24시간을 어떻게 보낼지 계획하기 위해서는 자신이 가야 할 미래의 방향을 정확하게 알아야 한다. 지금 바로 미래로 가는 방향을 알려줄 나침반을 찾아보자.

● 내 우수 영역 관리하기

사람에게는 누구나 자신이 잘할 수 있는 영역이 있다. 만약 잘할 수 있는 일이 무엇인지 모르겠다면 생각을 해 보자. 지금까지 생활하면서 어떤 일을 할 때 흥미를 느꼈는가? 어떤 분야에 관심이 많았는가? 무엇을 할 때 가장 재미있는가?

답이 나온다면 그것이 내가 가장 잘할 수 있는 영역이다.

그러나 좋아하고 잘하는 일이라 해도 모두가 똑같이 뛰어난 능력을 가지고 시작하는 것은 아니다. 지금의 내 능력을 누군가와 비교하면 초라해 보여 자기를 비하하게 될 수 있고, 너무 어려운 목표를 잡아도 "나는 안 돼, 내가 그걸 어떻게 해!"라고 좌절하여 포기하게 될 수 있다. 자신에 대한 확고한 믿음과 흔들리지 않고 나아갈 수 있는 구체적인 계획이 필요하다.

원하는 것이 있다면, 그것을 얻기 위해서 내가 무엇을(What) 할 것인지, 왜(Why) 하려고 하는지, 언제(When) 실행할 것인지, 어떻게(How) 할 것인지, 누구(Who)와 함께 누릴 것인지, 4W1H에 따라 적어보자. 뇌는 강한 자극을 오래 기억하므로 막연하게 생각만 한 내용보다는 언어화하고 이미지로 남긴 내용이 더욱 강하게 남는다. 따라서 글로 쓴 목표는 잠재의식에 강한 자극으로 각인되어 쉽게 의식화된다. 목표를 언어로 기록하여 실행을 위한 구체적 에너지원을 만들어 보자.

지금 내가 이루고자 하는 목표를 글로 써 두고 매일 아침 큰 소리로 읽으면서 하루 일과를 시작했으면 한다. 이 역시 자신의 장점을 쓸 때와 마찬가지로 1인칭의 긍정적인 언어, 그리고 현재 시제로 쓰는 것이 좋다.

나는 _____ 이다.

나는 _____ 를 한다.

● 나의 시간 관리하기

　내 삶을 살아가는 데 있어 시간관리는 가장 중요한 핵심이다. 누구나 하루 24시간을 확보하고 있다. 그 시간을 어떻게 활용하느냐에 따라 삶의 질이 달라진다. 자기 시간을 관리하지 못하는 사람은 중요하지 않은 일에 시간을 소모하고 정작 원하는 일을 이루지 못한 채 스트레스를 받는다. 사람의 생명은 유한하고 우리는 시간으로부터 자유롭지 못하다. 시기에 따라 할 수 있는 일에도 제약을 받는다. 해가 나는데 우산을 사러 돌아다니는 시행착오를 하지 않기 위해서는 쓰임이 있을 때, 적시에 필요한 일을 하고 주어진 시간을 효율적으로 활용할 줄 알아야 한다.

　시간의 주인이 되려면 먼저 하루에 낭비하고 있는 시간이 무엇인지를 알아야 한다. 여유로운 마음으로 하루 24시간을 주도적으로 이끌어 보라. 유럽의 시간관리 전문가 로타르 J. 자이베르트(Lothar J. Seiwert)가 저서 《행복이 가득한 시간》에서 권하는 시간의 주인이 되는 방법 7단계를 알아보자.

1단계 : 삶의 목표를 찾는다.

2단계 : 삶에서 자기 역할을 결정한다.

3단계 : 삶의 핵심과제가 무엇인지 결정한다.

4단계 : 연간 목표를 설정한다.

5단계 : 주간 우선순위를 계획한다.

6단계 : 하루의 일을 효율적으로 처리한다.

7단계 : '하기 싫다.'에서 '하고 싶다.'로 바꾼다.

02 내성향바로알기

《손자(孫子)》〈모공편(謀攻篇)〉에 이르기를 "전쟁에 임할 때 상대를 알고 자신을 알면 백 번을 싸워도 위태롭지 않다(知彼知己 百戰不殆)."라고 했다. 즉, 자기 자신을 잘 알고 있을 때 타인과의 관계를 원활하게 유지할 수 있다.

● 브레인컬러: 4F로 알아보기

인간의 뇌는 외부로부터의 자극을 통합, 분석하고 자극에 대한 몸 전체의 반응을 제어하는 중요한 역할을 갖고 있다. 뇌에서 회로 역할을 하는 뇌신경은 고정된 것이 아니라 외적, 내적인 자극을 통해 끊어지거나 새로 연결되며 발달하는데, 이 발달 형태에 따라 뇌의 성향이 결정된다. 뇌는 우리의 모든 의식적, 무의식적 행동에 명령을 내리기 때문에, 뇌의 성향에 따라 말투, 관심사, 옷차림, 학습스타일, 전공, 직업 등 삶의 거의 모든 면모가 영향을 받는다. 뇌의 성향을 타입별로 분류하는 '브레인컬러: 4F[1] 진단을 바탕으로 나의 성향을 알아보자.

인간의 뇌는 좌뇌와 우뇌로 나뉘며[2], 그 각각이 사고와 지각능력을 담당하는 대뇌반구(이성 뇌), 정서중추와 자율신경계를 담당하는 변연계(감성 뇌)[3]로 구분된다. 브레인컬러: 4F 에서는 이렇게 나눈 왼쪽 대뇌, 왼쪽 변연계, 오른쪽 변연계, 오른쪽 대뇌의 4분면 중 어느 부위를 더 많이 활용하고 어느 부위의

---

1 본 진단검사는 1998년 김병선 박사가 네드 헤르만(Ned Herrmann)의 뇌 분화라는 개념을 토대로 개발하여 현재 보급중인 것으로, 뇌 부위의 활용도 및 선호도를 알아볼 수 있다.
2 좌·우뇌의 기능적 분화를 입증한 로저 스페리(Roger Sperry)의 이론에 근거.
3 진화를 통해서 뇌의 기능분화가 정착되었다는 폴 맥린(Paul Maclean)의 '뇌의 삼위일체 모델'에 기반.

브레인컬러: 4F 성향 진단표

사실을 확인한 다음에야 행동으로 옮긴다. ☐	동시에 여러 가지 일(활동)을 벌여놓는다. ☐
모임에서 비판적인 의견을 많이 낸다. ☐	남들과 다르게 보이기 위해서라면 유별난 행동도 주저하지 않는다. ☐
필요한 용건이 있어야만 전화를 건다. ☐	
계산은 정확해야 마음이 편하다. ☐	남들보다 임기응변에 능하다. ☐
감성적이라기보다는 이성적이라고 생각한다. ☐	농담을 잘 하는 편이다. ☐
책 읽기를 좋아한다. ☐	남들보다 먼저 신제품을 사용하면 마음이 뿌듯하다. ☐
조사, 분석하는 일이 어렵지 않다. ☐	상상력이 풍부하다. ☐
기계장치 또는 공구류에 관심이 많다. ☐	시간관리에 느슨하다. ☐
숫자를 잘 기억한다. ☐	작업 공간에 항상 정리 안 된 서류나 물건이 쌓여 있다 ☐
무엇인가 사물(책, 우표, 동전, 돌 등)을 수집하는 경향이 있다. ☐	남들보다 호기심이 강하다. ☐
돈 관리에 철저하다. ☐	미적(美的) 감각이 뛰어나다. ☐
논리적으로 사람을 대한다. ☐	일을 할 때 발생할 수 있는 리스크에 개의치 않는다. ☐
고장 때문에 못쓰게 되어야 기계를 바꾼다. ☐	보통사람들이 생각하지 못하는 것을 거리낌 없이 말한다. ☐
	주위 사람들보다 유난히 큰 소리로 웃는 일이 자주 있다. ☐
Fact형 : ( )개	Future형 : ( )개
한번 결정한 것은 반드시 실행한다. ☐	내 감정이나 느낌을 남들에게 쉽게 털어 놓는다. ☐
철저한 자기관리가 가능하다. ☐	남의 부탁을 쉽게 거절하지 못한다. ☐
정해진 시간(약속시간, 마감시간)을 잘 지킨다. ☐	얼핏 보기만 해도 그 사람의 기분을 잘 감지한다. ☐
정리정돈이 안 되어 있으면 일하기가 어렵다. ☐	친구/친지와의 전화통화가 자주 길어진다. ☐
아무리 작은 잘못이라도 그냥 지나치지 못한다. ☐	남들이 나에게 자신의 고민거리를 자주 털어놓는다. ☐
결정된 일의 진행 순서를 반드시 지키는 편이다. ☐	감정의 변화가 심하다. ☐
아이나 후배, 부하를 엄하게 교육한다. ☐	처음 만나는 사람과도 쉽게 얘기를 나눈다. ☐
규칙을 중요하게 생각하고 반드시 지킨다. ☐	눈물이 많다. ☐
아이디어나 기획에서 세부적인 실천 계획을 잘 세운다. ☐	사람들과 함께 있는 것이 편안하다. ☐
안전하지 않으면 일을 시작하지 않는다. ☐	남을 잘 믿고, 유혹당하기 쉽다. ☐
남을 지휘, 감독하려는 경우가 많다. ☐	일보다 가족과의 시간을 더 중요하게 생각한다. ☐
일은 계획을 세워 진행하는 것을 좋아한다. ☐	남을 가르치는 것이 좋다. ☐
남의 말을 가로막고 내 생각을 말하는 경우가 자주 있다. ☐	도움이 필요한 사람을 그냥 지나치지 못한다. ☐
Form형 : ( )개	Feeling형 : ( )개

4 이 진단표는 약식으로, 보다 정확한 진단을 위해서는 브레인컬러 연구소의 온라인 진단이나 오프라인 진단을 이용하는 것이 좋다. 진단전용 웹사이트 http://www.4brain.or.kr

활용을 기피하는가에 따라 사람의 사고방식, 행동 유형, 학습 스타일, 갈등 상황에 대한 대응 방식, 적성 등이 달라진다고 본다. 그리고 각각의 유형별로 Fact형, Form형, Feeling형, Future형으로 나누어 패턴별 특성과 대응 방식을 제시한다.

좌뇌, 대뇌반구가 강한 Fact형은 목표 추구형으로 사냥꾼 기질을 가지고 있다. 논리적, 통제적, 이성적 성향을 지녔으며 전체보다 부분을, 사람보다는 사건을 중심으로 상황을 인식한다. '무엇'에 대한 질문을 자주 한다. 시간에 대한 욕구가 강하며 갈등 상황이 발생하면 회피하는 경향이 있다. 읽고 쓰면서 학습하기를 선호한다. 이 유형은 사고의 기본 체계가 논리적이고 분석적이기 때문에 실수가 적다. 신중하게 생각하고 판단하기 때문에 의사결정이 느리며, 원칙적, 사무적, 객관적이다. 사람보다는 사물을 중심으로 생각한다. 무뚝뚝하고 상대방에 대한 칭찬을 잘 하지 못해 무정한 사람, 건조한 사람이라고 평가받기도 한다. 이러한 유형의 사람에게 말을 할 때는 구체적이고 논리적으로 접근하고, 원인부터 결과까지 순차적으로 설명해야 한다. 또한 근거 제시를 매우 중요하게 생각하기 때문에 감정에 호소하기보다는 사실을 중심으로 대화하는 것이 좋다.

좌뇌, 변연계가 강한 Form형은 안전지향형이며 보수적인 행정가 기질을 가지고 있다. 통제적, 조직적, 감정적인 성향이 있고 부분 중심, 사람 중심의 사고를 한다. 통제 가능하고 예측할 수 있는 것에 가치를 두고 있어 쉽게 움직이지 않는 우직함이 있다. 분명한 것을 선호하며 '어떻게'라는 질문을 자주 한다. 갈등 상황에서는 주로 명령을 하는 편이고, 학습할 때는 내용을 듣고 요약하기를 잘한다. 이들은 관습과 전통 그리고 규칙, 규정, 제도를 중요하게 생각한다. 또한 책임을 맡거나 관리하기를 즐기고, 의사표현이 분명하다. 일을 하기 전 항상 목표 및 계획을 세운다. 일관성 있는 업무, 특히 권한이 부여되는 안정적인 직업을 선호한다. 외모뿐만 아니라 자동차 내부, 사무실 책상 위가 항상 깔끔하다. 이 유형은 대화할 때 단정적인 말투를 사용하고 의사결정이 빠르다. 이들과 대화할 때는 화제를 분명하게 설정하고, 요점을 말하되 실제 경험이나 사례를 중심으로 하는 것이 효과적이다. 결론을 먼저 제시하고 실제적인 효율성을 강조하도록 한다. 빠른 말투와 강한 억양, 분명하면서 확신을 주는 표현을 사용하면 좋다. 결정권은 상대에게 넘기도록 한다.

우뇌, 변연계가 강한 Feeling형은 관계지향형으로 채집가이자 양육가이다. 반응적 사고를 가지고 있어 감성적이면서 사람을 중심으로 판단한다. 또한 전체를 보고 유연한 사고를 하며, 인간관계에 가치기준을 두고 있어 '누가'라는 질문을 자주 한다. 다른 사람들과 쉽게 어울리며 나누는 것이 자연스럽다. 반면 갈등 상황에서는 쉽게 상처를 받아 공격적이 된다. 토론을 통한 학습의 효과가 높다. 이들은 다른 사람에게 따뜻하고 우호적이며 친절하고 사교적이지만, 감정적이기 때문에 쉽게 마음의 상처를 받을 수 있다. 상대방에 대한 배려가 깊어 불편한 시간인지를 묻고, 칭찬을 잘하고, 이름을 자주 불러 준다. 타인과 논쟁, 갈등, 대립을 피한다. 감상적이며 쉽게 흥분한다. 잡담을 즐기고 타인의 반응에 예민하다. 특히 남에게 도움을 줄 때 보람을 느낀다. 이들과 대화를 할 때는 따뜻한 인사말로 시작하고 인간적인 문제를 화두로 삼는다. 갈등이 있을 때에는 공감을 먼저 표시하고, 상대의 감정을 이해하기 위해 노력해야 한다. 조용하고 차분한 말투로 대화하며 보편적인 인식을 강조하는 것이 중요하다.

　우뇌, 대뇌반구가 강한 Future형은 변화를 추구하는 몽상가이다. 직관적, 전체적, 통합적, 이성적 성향을 가지며 사실적인 것을 선호한다. 자유로움에 가치를 두고 넓고 트인 공간에 대한 욕구를 가지고 있으며, '왜'라는 질문을 자주 한다. 갈등이 심한 상황에서는 사실을 망각해 버린다. 주로 직접 체험을 통해서 학습하는 스타일이다. Future형은 Form형과는 반대로 전통과 관습에서 벗어나려고 하며 쾌활하고 적응력이 높다. 직설적 화법을 구사하고 유머와 재치가 있는 대화를 즐긴다. 또한 다른 사람을 전혀 의식하지 않아 느슨한 복장에 헝클

브레인컬러 : 4F 유형별 특성

	대뇌피질 사물/이성	
Fact		**Future**
左뇌 부분/통제	논리적　직관적 분석적　전체적 사실기반　통합하는 양적　종합적	右뇌 전체/유연
	조직적　대인반응적 계속적　느낌기반 계획적　운동감각적 세부적　정서적	
Form		**Feeling**
	변연계 사람/감성	

어진 머리, 주름진 옷차림을 하고 다니기도 한다. 작업 공간은 어수선하고, 관심 있는 분야에는 높은 집중력을 발휘하지만 꾸준히 한 가지에 집중하기 어려워한다. 다방면에 관심이 있어 목표를 자주 수정한다. 특히 디자인에 관심이 있으며, 모험과 직접 체험, 자유로운 활동을 선호한다. 여러 가지 일을 동시에 하면서 새로운 것을 시작하고, 접는 것도 빠르다. 이런 유형의 사람과 대화할 때는 큰 목소리로 천천히 말하고 실현가능한 것을 화제로 삼는 것이 좋다. 특히 비유적 표현, 유머에 대응을 잘해야 한다. 싫증을 잘 내므로 화제를 다양하게 하고 활기차고 열정적인 태도로 대화한다.

● 조해리의 창으로 알아보기

인간관계에는 상호간의 의사소통이 필수적이다. 또한 의사소통은 관계를 지속하는 수단이자 자신의 내면을 알고 타인을 이해하는 수단이 되기도 한다. 그러므로 나의 내면에 대한 자신과 타인의 이해도를 보면 역으로 나의 의사소통 상태를 파악할 수 있다. 나에 관한 정보인식을 중심으로 한 유형 분류 '조해리의 창'[5]을 통하여 자신의 내면을 살펴보자.

나는 여러 가지 면모를 갖고 있지만, 그 정보는 내 공개 여부와 타인의 피드백 여부에 따라 알려지기도 하고 숨겨지기도 한다. '조해리의 창'에서는 내가 가진 특성들을 ① 타인도 알고 나도 알고 있는 '열린 창(Open Window)', ② 나도 모르고 타인도 모르는 '눈먼 창(Blind Window)', ③ 나는 알고 있지만 타인

---

5 조셉 루프트(Joseph Luft)와 해리 잉햄(Harry Ingham) 두 사람이 개발한 이론으로 두 사람의 이름을 합성해서 '조해리의 창(Johari's Window)'이라고 이름을 붙인 것이다. (유인봉,《나를 찾아 떠나는 자기경영》, 미래개발경영 연구원, 2003.)

은 모르고 있는 '숨겨진 창(Hidden Window)', ④ 나는 모르지만 타인은 알고 있는 '미지의 창(Unknown Window)'으로 분류한다. 내 특성들은 어느 창에 머물고 있는가?

나도 알고 다른 사람도 아는 공간인 '열린 창'은 누구나 정보의 접근이 가능한 영역이다. 열린 창의 공간이 넓다는 것은 자신에 대한 정보를 타인과 많이 교환했다는 의미로, 그만큼 타인과 관계 형성의 기회가 많아진다. 이 영역이 넓은 사람은 자신의 감정을 잘 표현하며 다른 사람의 이야기를 잘 경청하기 때문에 친화력이 좋고 사람들과 원만한 관계를 유지한다. 그러나 지나치게 자기를 개방하면 말이 많고 경박하다는 느낌을 줄 수 있다.

다른 사람은 알고 있지만 나는 모르는 영역인 '눈먼 창'은 나의 뒷모습이다. 뒷모습은 나의 눈으로는 볼 수 없고 타인만이 알 수 있는 영역이다. 이 창이 넓은 사람은 자신의 주장을 잘 표현하며 솔직하고 자신감이 있으나, 다른 사람의 말에 귀를 기울이지 않고 독단적으로 행동하는 것처럼 보일 수 있다. 자신에 대한 다른 사람의 이야기를 잘 듣게 되면 열린 창의 범위가 넓어진다.

나는 알고 있지만 다른 사람은 모르고 있는 영역인 '숨겨진 창'은 나만의 사

조해리의 창

나에 대하여		피드백 정도	
		내가 알고 있는 정보	내가 모르고 있는 정보
자기 공개 정도	남이 아는 정도	① 열린 창	② 눈먼 창
	남이 모르는 정도	③ 숨겨진 창	④ 미지의 창

적인 영역이다. 이 영역이 넓은 사람들은 현대인의 유형 가운데 가장 많은 비중을 차지하며, 다른 사람들의 이야기는 잘 들어주지만 자신의 이야기는 잘 하지 않는다. 계산적이며 실리적인 경향이 있고 내면적인 고독감을 많이 느낀다. 다른 사람과 사적인 영역을 공유할 수 있을 때 더 많은 자유로움을 느낄 수 있다.

나도 모르고 다른 사람도 모르는 영역인 '미지의 창'은 아직 드러나지 않은 나의 일면이다. 이 영역이 넓은 사람들은 주로 소극적이며 혼자 있는 것을 좋아하는 경우가 많다. 심리적인 고민이 많아 대체로 현실에 잘 적응하지 못하는데, 좀 더 긍정적인 자세가 필요하다. 자신의 문제를 타인과 공유함으로써 자신도 몰랐던 진정한 내 모습을 알 수 있게 될 것이다.

● 건강한 성격과 관계 만들기

누구나 자신만의 고유함을 지니고 있다. 그러므로 '나'는 세상에 하나밖에 없는 유일한 존재인 것이다. 요즘은 '특별하다'는 것을 '특이하다'로 인식하는 경우가 있는데 '특이하다'는 것은 일반적인 기준에서 벗어남을 뜻하지만 '특별하다'는 것은 남들과는 다른 무언가를 가졌다는 의미이다. 사람들은 환경과 문화, 가족, 사회적 관계 등 다양한 자극에 의해 각자 다른 '사고의 틀'을 형성한다. 나와 생각이 다르다는 이유로 '틀렸다'고 단정 짓기에는 이 사회가 매우 복잡하고 다양하다. 따라서 '다르다'는 것을 인정하면 상대방을 이해하고 존중하는 마음을 갖게 되고, 스스로에 대한 인식 또한 건강해진다.

'자신을 얼마나 좋아하느냐'는 건강한 성격인가를 알 수 있는 기준이다. 자기 자신을 사랑하고 좋아할수록 자존감이 높아지고 긍정적인 사고방식을 갖게 된다. 또한 책임을 얼마나 받아들이는가도 중요하다. 어떤 상황에서 자신이 받아들인 책임의 양과 그 상황을 통제할 수 있는 양은 같다. 즉, 자기 책임을 인정하는 만큼 자신이 통제할 수 있는 영역이 늘어난다. 건강한 성격을 가진 사람은 삶을 주도적으로 이끌 수 있고, 남을 존중하고 수용하면서 다양한 사람과 잘 어울리게 된다. 또한 그들은 자부심이 높아 스스로를 좋아하고, 책임감이 있는 사람이다. 이러한 사람들은 만날수록 더 흥미롭고 매력적이며, 상대방이 가치를 인정받는다고 느끼게 하고 신뢰감을 주기 때문에 적극적으로 관계를 지속하게 만든다.

TIP 타인이 가치를 인정받는다고 느끼게 하는 방법

· 수용(acceptance)한다.

인간관계의 기본적 욕구는 상대방으로부터 칭찬과 인정을 받는 것이다. 어린 시절부터 부모님의 사랑을 충분히 받으면서 자란 아이는 성인이 되어서도 다른 사람을 칭찬하고 인정하는 데 유연하다. 대인심리학이나 대인역학에서 보면 두 사람이 처음 만났을 때 가장 먼저 하는 일은 상대방을 '수용 또는 거부'하는 것이라고 한다. 이러한 의사는 몸동작이나 얼굴 표정, 목소리의 톤 등을 통해 전달된다. 그러므로 상대방과의 원만한 관계의 시작은 미소이다. 미소는 상대방을 조건 없이 수용하겠다는 뜻이기 때문이다.

· 감사(appreciation)한다.

감사는 상대방의 자부심을 높여준다. 타인에게 순수한 감사의 마음을 표현하는 가장 좋은 방법은 그저 "고맙습니다."라고 인사를 하는 것이다. 소중한 가족들, 직장동료나 아랫사람, 도움을 주는 주변 사람들에게 고맙다고 말할 때, 나 자신도 가치 있고 소중한 사람이 된다.

· 칭찬(admiration)한다.

칭찬은 다른 사람의 특성을 존경한다는 뜻이다. 사람들의 행동이나 품성에 대한 칭찬을 해보자. 칭찬을 할 때는 즉각적, 구체적, 공식적으로 하되 진실해야 한다. 인간은 대부분 감정에 따라 선택하고 행동한다. 그래서 다른 사람이 자신을 알아주고 칭찬해 주면 강한 동기부여를 얻고 매우 행복한 감정을 느낀다. "칭찬은 누구나 좋아한다."는 아브라함 링컨의 말처럼 칭찬을 싫어하는 사람은 없다. 기업의 총수이든 평범한 샐러리맨이든 마찬가지다. 오히려 성공한 사람일수록 칭찬과 감사를 받고 싶은 욕구가 강하다. 지금 한마디 칭찬으로 누군가를 행복하게 해보자.

• 관심(attention)을 갖는다.

관심은 상대방의 자부심을 높여주는 가장 효과적인 방법 중 하나로, 적절한 관심을 보이기 위해서는 잘 듣는 것이 중요하다. 사람은 언제나 자신이 중요하다고 생각하는 것에 관심을 갖는다. 상대방에게 관심을 보이고, 말을 들어주고, 시간을 함께 보냄으로써 '당신은 소중한 사람이다.'라는 것을 알리고 신뢰를 얻을 수 있다.

• 부메랑 법칙을 잊지 말자.

긍정적인 생각을 가지고 세상에서 가장 귀중한 사람 대하듯이 타인을 대한다면 상대방도 그렇게 믿게 된다. 그리고 그 결과는 나에게 다시 돌아온다. 따라서 다른 사람으로부터 가치 있는 사람으로 인정받기를 원한다면 내가 다른 사람을 가치 있는 사람으로 대하면 되는 것이다. '뿌린 대로 거둔다.'는 옛말처럼 상대방을 소중하게 대하면 이것은 결국 부메랑처럼 다시 돌아와 나 또한 소중한 사람이 된다. 이처럼 인간관계는 역지사지(易地思之)의 마음으로 맺어야 한다.

(브라이언 트레이시, 《성취심리》, 홍성화 역, 씨앗을뿌리는사람, 2003)

2

좋은 관계를 위한
이미지 관리, 예절

오늘날 정치, 경제, 사회, 문화의 급격한 변화는 사람들의 삶의 방식과 의식 구조, 생활문화 전반에 걸쳐 많은 영향을 주고 있다. 과거 전통 농경사회에서의 사회적 관계는 대개 공동체에 국한되었다. 사람들은 서로를 '우리'라고 인식하는 친족과 지역 중심의 공동체를 형성하였으며 그 안에서 예절과 질서를 자연스럽게 습득하였다. 그러나 개화기 이후 산업화가 진행되면서 사회는 매우 복잡해졌으며, 전통적인 인간의 가치와 규범보다는 물질 추구에 탐닉하고, 타인에 대한 배려보다는 개인을 우선시하게 되었다. 그러면서 '우리'라는 의식과 공동체적 문화가 점점 약화되고 있다.

반면 정보화, 세계화가 급속도로 진행되고 있는 현재 사회적 관계는 비즈니스에 직접적인 영향을 준다. '우리'로서가 아니라 '나' 개인의 성공을 위해 사회적 관계 형성이 중요해진 것이다. 따라서 사회적 관계를 성공적으로 이끌기 위해 인간관계의 기초를 이해하고 바른 마음가짐과 몸가짐을 갖추며, 자신의 이미지를 적절하게 관리할 필요가 있다.

모르는 사람을 만났을 때, 우리는 서로를 탐색해 보고 호감을 느끼면 지속적인 관계를 형성하게 된다. 첫 만남에서 서로 ①자극을 받고 상대를 인식한다, ②인사 등의 언어적 표현으로 상대에게 메시지를 보낸다, ③상대가 보내온 메시지에 반응한다, ④상호 관계를 지속한다. 순의 4단계를 거친다. 누구든 새로운 사람을 처음 만나면 본능적으로 이 사람이 나에게 우호적인지, 적대적인지를 구분한다. 그리고 인사말을 듣거나 태도를 보면서 자신의 느낌을 확인하고 다음 행동을 결정한다. 따라서 첫 인사말을 나눌 때 호감 가는 모습을 보이는 것은 매우 중요하다. 그 모습에서 관계 지속 여부가 결정될 수도 있기 때문이다. 공손한 자세와 정감 있는 태도를 보이는 상대방과 편안한 인사를 나누면, 우리는 긍정적인 메시지를 받고 상대에 대해 좋은 이미지를 갖게 된다. 따라서 사람과의 만남에서 좋은 이미지를 만들기 위해서는 바른 마음가짐과 몸가짐을 갖추는 것이 중요하다. 이렇게 호감을 주는 마음가짐과 몸가짐이 바로 예절이다.

01 예절의 기본, 몸가짐

● 예절이란

예절은 습관이다. 또한 현대사회의 생활방식에 적합한 약속이면서, 사회적 관습에 의해 규제받는다. 따라서 예절은 보편적이고 도덕적 가치에 준하며, 사회문화적 영향에 따라 그 형식은 변화할 수 있다. 또한 가정, 학교, 사회 등에서의 삶을 통해 직·간접적으로 학습되어 다음 세대로 이어진다.

예절은 일정한 생활문화권에서 오랜 역사를 통해 관습적으로 지켜지는 사회

규약적 생활규범으로 지역, 나라, 민족, 문화권에 따라 다르다. 동양에서 '예(禮)'의 어원은 禮=示(보일 시)+豊(풍성할 풍)으로 제기에 제물을 풍성하게 담아 봉헌하는 제사의식에서 비롯했다. 이와 비슷한 의미로 서양에서는 그리스어 'Nomos'를 사용하는데, 이는 습관, 관습, 관례라는 뜻으로 행동에 의한 예의범절을 가리킨다.

예절이 제사의식에서 생활규범으로 확대된 동양에서, 예절은 타인에 대한 정성과 사랑 그리고 공경하는 마음을 실천하는 것이다. 공자(孔子)는 예(禮)와 인(仁)을 동일시하고, 인간의 도덕성을 실현하기 위한 방법으로 예를 중시하였으며, 맹자(孟子)는 '사양지심예지단야(辭讓之心禮之端也)'라 하여 겸손하고, 양보하는 마음을 예의 근본으로 보았다. 반면 행동을 중시하는 서양에서는 기사도 정신[6]을 근본으로 기독교적 사랑과 경건, 용기와 겸양, 그리고 명예를 존중하며 상호 평등한 관계 속에서 조화를 추구하는 행동규범을 예의로 보았다.

● 바른 마음가짐과 몸가짐

예절은 행동양식이지만 그 근본에는 마음가짐이 있다. 현재 품고 있는 생각이 표정과 행동으로 드러나게 마련이기 때문이다. 따라서 마음가짐을 어떻게 하느냐에 따라 행동도 달라진다. 율곡 이이가 집필한 《격몽요결(擊蒙要訣)》에서는 군자가 가져야 할 아홉 가지 마음가짐을 '구사(九思)[7]'라 하여 다음과 같이 꼽았다.

---

6 봉건시대의 기사계급, 또는 기사가 갖추어야 할 용맹함과 명예심, 예의바름을 뜻한다. 프랑스어 슈발리에(chevalier)라는 말은 중세봉건시대의 기사를 가리키는 말로 쓰였다. (브리태니커 백과사전)

7 군자가 명심해야 할 아홉 가지 마음가짐으로 조선시대 《소학》 제3〈지신장(持身章)〉과 《격몽요결》에 실려 교육의 지침으로 널리 인용되었다.

이는 현대사회에서도 좋은 관계를 맺기 위해 기본적으로 갖춰야 할 태도이다.

1. 시사명(視思明) : 사물을 볼 때 바르게 보며

2. 청사총(聽思聰) : 상대방의 말을 들을 때 본 의미를 알고 이해하고

3. 색사온(色思溫) : 얼굴 표정은 따뜻하고 편안한 느낌이 전달되도록 하고

4. 모사공(貌思恭) : 예의 바른 차림새와 공손한 태도를 취한다.

5. 언사충(言思忠) : 말을 할 때는 거짓 없이 바르고 진정성이 느껴지게 하며

6. 사사경(事思敬) : 웃어른을 공경하고 잘 섬기며

7. 의사문(疑思問) : 의심이 나는 일은 물어서 오해가 없게 하고

8. 분사난(忿思難) : 분한 일에 화를 내어 더 큰 어려움을 겪지 않게 한다.

9. 견득사의(見得思義) : 일이 생기면 "옳고, 정당한가?"를 깊이 생각하여 결정한다.

또한 상대방의 몸가짐을 보면 생각을 읽을 수 있고 인품을 느낄 수 있다. 단정하고 우아한 몸가짐은 사람들에게 좋은 이미지를 갖게 하며, 나 자신이 살면서 하는 모든 행동의 기초가 된다. 따라서 평소에 바른 행동을 습관화하여 언제 어디서든 자연스럽게 행동할 수 있도록 해야 한다. 마찬가지로《격몽요결》에서 '구용(九容)[8]'이라 하여 군자가 취해야 할 아홉 가지 단정한 몸가짐을 소개하였다.

---

8 군자가 몸가짐을 단정히 하는데 있어서 취해야 할 바른 몸가짐의 아홉 가지를 구체적으로 제시한 것이다. 《소학》 제3 〈지신장(持身章)〉과 《격몽요결》의 인용이다.

1. 족용중(足容重) : 발을 멈출 때나 걸을 때는 침착하고 무겁게

2. 수용공(手容恭) : 손은 공손하게

3. 목용단(目容端) : 눈은 정면을 향하여 단정하게

4. 구용지(口容止) : 입은 자연스럽게 다물고

5. 성용정(聲容靜) : 말소리는 나직하고 조용하게

6. 두용직(頭容直) : 머리는 곧고 바르게 두며 의젓하게

7. 기용숙(氣容肅) : 얼굴빛은 고요하고 평안하게

8. 입용덕(立容德) : 서 있는 모습은 그윽하고 덕성스럽게

9. 색용장(色容莊) : 얼굴 표정은 밝고 생기 있게

02 내 이미지 관리하기

이미지란 개인이 어떤 사물이나 사람을 보고 느끼는 심상(心象), 표상(表象), 영상(映像), 인상(印象) 등을 말한다고 할 수 있다. 개개인이 외부의 자극으로부터 받은 고유하고 독특한 느낌을 통해 새로운 정보를 지각하는 과정인 것이다. 이미지는 연상에 의해 형성되며, 주체가 인식하는 가치와 관점에 따라 의미화되고 선택되어 각인된다. 관계를 형성하고 유지하는 동안 서로에 대한 마음가짐과, 몸가짐, 즉 표정, 옷차림과 용모, 자세와 동작, 인사 등이 각자의 이미지에 영향을 준다.

● 인상의 출발점, 표정

사람의 첫인상은 3초 만에 결정된다고 한다. 첫인상에 가장 큰 영향을 주는 것은 대개 얼굴 표정이다. 표정은 마음속 생각이나 느낌을 얼굴에 그대로 나타내어 이미지를 만든다. 따라서 밝고 온화하며 자연스러운 표정을 하여 진실하면서도 편안한 느낌을 주도록 해야 한다.

부드럽고 편안하게 상대방의 눈을 보고, 입을 가볍게 다문 상태가 호감 가는 표정의 기본이다. 턱은 자연스럽고 반듯하게 하고 상황에 맞는 적절한 표정을 짓는다. 특별히 의식하지 않아도 자연스럽게 이런 표정이 될 수 있도록 평소에 노력하는 것이 좋다.

표정은 크게 셋으로 분류한다. 첫째 고정화된 무의식상태 표정은 아무런 자극이 없는 상태에서의 표정으로, 내가 평소 무의식중에 짓고 있는 표정을 말한다. 이 표정은 타인이 내게서 받는 첫인상에서 큰 비중을 차지한다. 둘째 의식상태 표정은 외부의 자극에 반응하여 순간적으로 감정의 변화가 생겼을 때 나타나는 표정이다. 셋째 순간적으로 나타난 의식상태 표정을 내가 의식적으로 유지해서 만들어지는 진행상태 표정이 있다. 보통 상황에 맞게 다른 표정을 짓기 때문에 상황적 표정이라고도 한다.

표정은 자극에 대한 반응의 결과이기 때문에 그 사람의 인생을 반영한다. 40대에는 자신의 얼굴을 책임져야 한다고 링컨이 말했듯, 내 얼굴 표정도 내가 어떤 생각을 하고 살아가느냐에 따라 고정화된다. 표정의 근간을 이루는 것은 생각이기 때문이다. 내면의 생각과 상황인식이 긍정적이면 의식상태의 표정이 긍정적인 느낌으로 나타나고, 이것이 긍정적인 진행상태 표정으로 이어진다. 습관적으로 긍정적인 표정을 지으면 무의식상태 표정도 호감이 가는 느낌으로 고정화된다. 좋은 이미지를 만들기 위해서는 긍정적인 의식상태 표정을 진행상태의 표정으로 고정화하는 것부터 시작해 보자.

● 호감가는 표정을 가꾸는 얼굴 스트레칭

우리는 아름다운 몸매를 가꾸기 위해 많은 시간과 에너지를 쏟는다. 그러나 자신의 감정을 상대방에게 그대로 노출하는 표정을 가꾸는 데에는 얼마나 노력을 들이고 있을까? 아침에 일어나 스트레칭으로 밤새 굳은 몸 근육을 풀어주듯이 자연스럽고 좋은 표정을 위해서는 얼굴의 뭉친 근육도 충분히 풀어야 한다. 얼굴은 80여 개의 근육으로 이루어져 있어 8천여 가지의 다양한 표정을 만들 수 있다. 풍부한 표정으로 사람들에게 호감을 얻고 싶다면 매일 아침 안면근육 이완운동을 해보자.

얼굴 표정 변화에서 가장 결정적인 역할을 하는 부분이 눈과 입꼬리이다. 따라서 눈 주위와 입꼬리 근육을 집중적으로 이완시키는 것이 표정관리의 기본이다.

눈 주변 근육 이완운동 : 검지 손가락을 수평으로 펼쳐 눈썹이 닿을 정도의 위치에 한 일(一)자로 댄다. 이 상태에서 눈썹을 상하로 올렸다 내렸다를 반복한다.

눈동자 근육 이완운동 : 눈을 감은 채 눈동자를 위로 아래로 3회, 원으로 3회씩 반복하여 돌린다. 눈을 꼭 감았다가 깜짝 놀란 듯이 빠르게 뜬다.

볼과 입술 주변 근육 이완운동 : 입안에 가득 바람을 넣은 후 좌, 우, 위, 아래로 움직인다. 입꼬리를 최대한 당긴 다음 입술을 뾰족하게 내민다. 이 동작을 반복한다.

일반적으로 자신을 가장 아름답게 표현하는 수단은 미소이다. 웃는 모습은 매력적인 이미지를 만들고 사람들에게 호감을 준다. 매력적인 목소리 또한 감정을 자극하고 상대방의 마음을 움직여 첫 대면에서 호감도를 높이는 데 미소와 더불어 핵심적인 역할을 한다. 평소 또렷한 발성을 할 수 있도록 연습해두도록 하자. 특히 매력적인 미소 짓기를 위해서는 "위~~스키"와 같이 한 단어 안에 음의 높낮이와 강약이 있고 '이' 모음으로 끝나는 단어를 찾아서 연습하는 것이 좋다. 거울을 보면서 그림과 같이 연습한다면 환한 미소와 호감 가는 목소리를 갖는 데 도움이 될 것이다.

목소리 가꾸기 : 하-히-후-헤-호를 입모양과 발성에 중점을 두고 반복해 실시한다.

입꼬리 올리기 연습 : 입꼬리 끝에 힘을 준 상태에서 양손의 검지로 입꼬리 끝을 살짝 위로 올려 3초간 머물렀다가 놓는다. 3회 이상 반복한다. 입을 다물고 "쯥 ~~"소리가 나도록 빨아들이는 느낌으로 입꼬리 끝에 힘을 준다.

● 옷차림과 용모 가다듬기

조화로운 옷차림과 용모는 그 사람의 품격을 드러내는 수단이다. 처음 만난 자리에서 상대방에 대한 정보가 없을 때, 우리는 상대방의 옷차림과 용모에서 정보를 찾는다. 광고 카피에서조차 패션은 나의 또다른 자기소개서라고 하지 않던가. 따라서 상황과 격에 맞는 용모를 갖추는 것은 나를 자연스럽게 알리는 수단이자 상대에게 좋은 이미지를 남기는 효과적인 방법이다. 때와 장소, 상황에 맞으며 잘 손질된 의복과 구두, 말끔한 헤어스타일과 분위기에 어울리는 메이크업 등 적절한 옷차림과 용모는 호감의 강도를 높여준다.

용모 관리의 좋은 예와 부적절한 예

용모는 항상 청결하고 단정하게 유지해야 한다. 또한 몸 상태를 건강하게 관리해야 겉모습 또한 일그러지지 않는다. 손발과 머리를 자주 씻고 잘 관리하며, 치아는 정기적으로 검사하고 입 냄새가 나지 않게 유의한다. 남성의 경우 매일 수염을 면도하고 여성은 상황에 맞게 화장을 하는 것이 기본적인 매너다.

의복은 몸을 보호하고 체온을 유지하며 아름답게 보이기 위한 것이다. 몸에 잘 맞고 체형과 맵시에 어울리는 옷을 입되, 항상 단정하고 깔끔해야 한다. 입을 옷을 선택할 때는 개성, 실용성, 아름다움은 물론 때와 장소, 나의 입장 등 주위와의 조화로움을 고려해야 한다.

액세서리는 아름다움을 강조하고 적절한 이미지를 연출하는 용도다. 입고 있는 옷과 조화를 이루도록 착용해야 한다. 나이, 사회적 위치, 직업에 어울리는지,

계절과 시간 그리고 주위환경과 경제사정에 걸맞은지 고려해서 선택한다.

메이크업은 자기를 표현하고 결점을 보완해준다. 자신에게 잘 어울리면서 때와 장소, 상황에 적합한 화장법을 개발하기 위해 평소에 시간을 할애해야 한다. 색조 화장은 자연스럽게 하는 것이 좋고, 향이 강한 화장품은 다른 사람에게 불쾌감을 줄 수 있으므로 조심해야 한다. 향수 사용 시에는 몸을 깨끗하게 한 후, 옷에 직접 뿌리기보다 귓불 뒤, 목, 가슴 등에 은은한 향이 풍기도록 약간만 바른다. 공공장소 및 다른 사람이 보는 앞에서 화장을 하지 않는다.

● 자세와 동작

몸짓은 비언어적인 의사소통 수단으로서, 언어와 더불어 관계를 맺어 가는 데 있어 상대방의 됨됨이를 확인할 수 있는 중요한 수단이다. 몸동작은 자극에 대한 즉각적이고 감정적인 반응을 보여주며, 말보다 5배 이상 빠르게 상대에게 전달된다. 특히 자세와 동작은 눈에 직접 보이는 메시지이자 상대에게 노출되는 범위가 가장 크므로 나에 대한 상대의 인상을 결정하는 데 매우 중요한 역할을 한다. 또한 상대방에게 느끼는 감정을 외적으로 표현하는 행위이므로 행동에 대한 책임이 따른다는 것을 명심해야 한다.

올바른 자세의 기본은 등을 곧게 펴고 손가락은 가지런히 모으는 것이다. 그리고 한 동작을 하더라도 분명하고 부드러워야 하며, 움직임을 시작할 때는 너무 빠르거나 늦지 않게 보통 속도로 하고, 마무리 동작은 천천히 해야 한다. 밝은 표정을 짓고 동작의 방향에 시선을 두어야 한다.

앉을 때 올바른 자세

서 있을 때는 몸의 중심을 발뒤꿈치에 두며, 뒤꿈치를 붙이고 발의 각도는 30° 정도로 벌린다. 어깨, 허리, 가슴은 곧게 펴고, 양팔은 자연스럽게 옆으로 내리며, 손가락은 모아서 가지런히 양복 봉합선 부근에 놓는다. 시선은 앞을 향하고 턱은 살짝 당긴다. 입은 자연스럽게 다문 상태에서 살짝 입꼬리 끝에 힘을 주어 온화한 표정을 짓는다.

의자에 앉을 때는 오른손으로 의자를 빼내 왼쪽으로부터 앉고, 발은 오른발부터 들여놓는다. 될 수 있는 한 깊이 앉되, 허리를 펴고 두 손은 무릎 위에 가지런히 놓는다. 여자는 두 무릎과 다리를 꼭 붙여 모으고 두 발도 가지런히 하여 앉는다. 또한 윗몸은 반듯이 하고, 입을 다물며, 눈은 앞을 바라본다. 의자에서 일어설 때는 의자를 약간 뒤로 밀고 왼쪽으로 물러선 후 의자를 조용히 밀어 넣는다.

좌식 공간에서 방석에 앉을 때는 방석을 밟지 않도록 주의하여야 한다. 어른이 앉기 전에 먼저 앉아서는 안 되고 앉으라는 말씀이 있을 때 앉는다. 웃어른 앞에 앉을 때는 무릎을 꿇고 앉는데 어른이 편히 앉으라고 하거나, 너무 오래 꿇어앉아 있어 불편할 때에는 허락을 받아 잠시 편한 자세로 앉아도 좋다. 상체를 바르게 하고, 두 손은 무릎에 얹고, 밝은 표정을 유지한다. 여자인 경우 짧은 스커트 차림일 때에는 무릎을 꿇거나 두 다리를 살짝 옆으로 보내 상체를 바르게 하고, 두 손은 가볍게 마주 잡아 무릎 위에 올려놓는다.

걸을 때는 몸의 중심을 두 발에 두고, 몸이 너무 흔들리지 않도록 한다. 양팔은 자연스럽게 앞뒤로 흔든다. 발끝을 벌리지 말고 일직선의 양 옆에 놓이도록 곧게 걷는다. 신발이 끌리지 않게 하고, 옷이 넓을 경우 펄럭이지 않게 여미며 걷는다. 뛰거나 허둥대지 말고 조용히 물이 흐르듯이 걷는다. 한복을 입었을 때는 발끝으로 치마 자락을 차듯이 밀며 걷는다.

다른 사람 앞을 지날 때는 반드시 "실례합니다.", "죄송합니다.", "미안합니다."라고 양해를 구하고 조용하면서 민첩하게 지나간다. 상대의 몸에 기대거나 부딪히거나 옷이 스치지 않게 주의한다.

실내에 들어갈 때는 노크나 기침, 말 등으로 방안에 있는 사람에게 양해를 구한 후에 문을 연다. 문을 열고 닫을 때는 반드시 손으로 한다. 두 손에 물건을 들었을 때는 물건을 내려놓고 열고 닫는다. 문지방을 밟고 서거나 밟지 않는다. 어른 앞에서 돌아서 나갈 때는 가급적 사람의 뒷모습이 보이지 않게 3보 정도 뒤로 물러난 후 돌아 나온다. 문을 열고 닫을 경우 문을 열 때 열리는 쪽을 막지 않는다. 여닫이문의 경우 문 가까이에서 열고 닫으며, 미닫이 문일 경우 두 손으로 잡아 당겨 열고 닫는다. 손님을 모시거나 연이어 사람들이 출입할 경우 앞선 사람이 다음 사람이 들어 올 수 있게 문을 잡아 준다.

정중례

일상례

목례

● 바른 인사법

　인사는 상대방에게 공경과 친근감을 나타내는 행동으로, 각 나라의 문화, 환경 등에 따라 다양하다. 우리나라의 전통적인 인사 방식은 절(節)이었으나, 생활문화가 좌식에서 입식으로 바뀌면서 서서 하는 인사가 일반화되고 절(節)은 의례 시 하는 특별한 인사로 인식되게 되었다. 그러나 우리나라는 예(禮)를 특히 중요하게 생각해온 만큼 인사 방법은 달라졌을지라도 상대방을 공경하는 마음은 변함없이 중시하며 인사할 때의 행동거지를 기준으로 사람의 됨됨이를 평가할 때가 많다.

　인사의 종류에는 정중례, 일상례, 목례가 있다. 정중례는 의식을 행할 때나 영정 앞, 깊은 감사 또는 사과를 드릴 때 등 중요한 자리에서 윗사람에게 하는 가장 정중한 인사이다. 일상례는 일상생활에서 가장 많이 하는 인사로 친구 집을 방문했을 때, 직장에서, 밖을 출입할 때, 자주 뵙는 어른들께 하는 인사이다. 목례는 상황에 따라 약식으로 하는 인사로, 밖에서 어른을 만났을 때, 학교 선배나 동료를 만났을 때, 좁은 공간 그리고 아랫사람의 인사에 대한 답례로 할 때 주로 한다.

　정중례를 할 때는 바른 자세로 서서 상대방과 시선을 마주치고, 머리와 허리가 부드럽게 직선이 되도록 상체를 45° 정도 숙이며, 시선은 상대방 발끝을 본다. 잠시 멈춘 후 천천히 상체를 원위치로 세우면서 밝은 표정으로 상대방과 시선을 마주친다. 3박자에 머리를 숙이고 잠시 멈추었다가 3박자와 4박자에 올라오면서 머리를 들어 원위치한다. 일상례는 정중례와 같은 동작으로 상체를 30° 정도 숙인다. 2박자에 머리를 숙이고 잠시 멈춘 후 2박자와 3박자에 머리를 들어 원위치한다. 목례는 고개는 떨어트리지 않고 상체를 15° 정도 숙이며, 잠시 멈춘 후 원위치로 돌아온다. 이때 고개만 까딱이는 '까딱 인사'가 되지 않도록 주의한다.

인사는 내가 먼저, 밝은 표정과 음성으로, 때(Time) · 장소(Place) · 상황(Occasion)에 맞게 하는 것이 포인트(point)이다. 그러지 못하면 아니 한만 못한 인사가 된다. 특히 하지 말아야 할 인사를 무심결에 하고 있지는 않은지 살펴볼 일이다. 머리만 까딱하는 인사는 가벼워 보이고, 몸동작 없이 말로만 하는 인사는 성의가 없어 보이며, 망설이다 하는 인사는 안 하느니만 못하고, 뒤에서 '툭' 치면서 하는 인사는 불쾌감을 준다.

상황별 인사법 Q&A

• 직장 내에서 이동하다 보면 같은 상사와 계속 마주치는게 되는데요. 매번 인사를 드려 야 하나요?

하루 중 동일한 사람을 반복적으로 만나는 경우, 처음 만났을 때는 정중하게 인사를 드리고 두 번째 만남부터는 미소와 목례 정도의 인사면 충분합니다.

• 계단에서 윗사람을 만났는데 제가 더 위쪽에 있었어요. 어떻게 인사해야 하나요?

윗사람이 계단을 올라오는 중에 시선을 마주쳤다면 먼저 미소 또는 목례를 보 내고, 계단 높이가 같아지면 멈춰서 인사를 드립니다.

• 회장실이나 엘리베이터 같은 곳에서 사람을 만나면 인사 드리기가 곤란해요.

공공장소에서는 간단한 목례만 드리고, 대화가 꼭 필요할 경우 가급적 작은 목 소리로 합니다.

• 인사는 누가 먼저 해야 하나요?

인사는 상하 구분 없이 눈이 마주친 사람이 먼저 하는 것입니다. 인사는 상대 방을 인지하고 있다는 표현이기 때문입니다.

• 인사를 할 때 꼭 자리에서 일어나야 하나요?

인사는 마음을 표현하는 수단이기 때문에 서로의 상황에 맞게 하면 됩니다. 보 통은 일어나는 것이 예의지만, 전화를 받는 중이거나 업무가 진행 중일 때는 앉아서 목례로 인사해도 실례가 되지 않습니다.

서로를 존중하고 사랑과 보호를 주고받으며
가정을 만들어가는 것은 가족 모두의 의무와 책임이다.

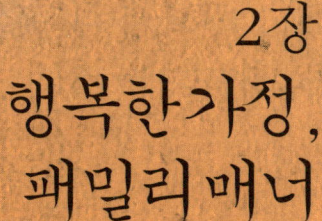

2장
행복한 가정,
패밀리 매너

구자완

1

아름다운 나의
반쪽을 찾아서

나와 어울리는 상대와 인격적인 결합을 통해 평생을 함께하는 것은 눈부시게 아름다운 인생의 또 다른 출발이다. 사람들마다 이성을 만나는 관점과 혼인이 의미하는 바가 다르고 일부는 독신주의를 주장하기도 하지만 대부분의 남녀는 이성 간의 결합을 통해 혼인을 하게 된다. 서로 다른 남성과 여성이 서로의 존재를 인식하고 만나는 이성교제는 조화로운 성인의 결합이자 인류에게 있어 가장 위대하고 중요한 일이다.

혼인을 전제로 한 관계에서 '이성(異性)'은 조화로운 이성적, 감성적 능력과 힘을 갖춘 성인 남녀를 말한다. 남녀 모두 외모를 중요하게 생각하는 경향이 있지만 혼인을 위해 이성을 선택할 때는 성숙하고 건강한 가치관, 품격과 능력을 갖춘 상대를 선호한다. 성격, 건강, 가문, 지위 등도 고려의 대상이다. 어떤 배우자를 선택하느냐에 따라 개인의 행복이 결정되므로, 성의를 가지고 상대를 알아가며 교제해야 한다.

01 교제의 전제, 사랑

● 사랑의 구성 요소

가까운 교제를 나누는 사람들이 경험할 수 있는 사랑에는 여러 가지 유형이 있다. 상대가 사랑을 표현하는 방법, 내가 느끼는 사랑의 감정, 서로가 사랑하고 사랑받기를 원하는 감정이 어떤 형태로 나타나는지를 다룬 여러 종류의 연구들이 있다. 여기에서는 심리학자 로버트 스턴버그의 삼각이론에 따라 '사랑의 3요소'[1]인 친밀감(intimacy), 열정(passion), 결심/헌신(commitment)으로 사랑을 설명하고자 한다.

처음 만나 호감을 느낀 이성은 서로를 알기 위해 관계를 만들고 친밀감을 쌓아간다. 이성과의 친밀감은 차츰 사랑으로 연결된다. 친밀감을 느끼는 두 사람은 상대에게서 느끼는 따뜻함을 좋아하고 받아들이며, 상대로부터 행복을 경험한다. 또한 상대에게 높은 존경심을 갖고 필요를 느낄 때는 기대고 싶어한다. 서로에 대한 이해를 바탕으로 무엇이든 나누고, 상대로부터 정서적인 지지를 받고 친밀하게 의사소통한다. 내 삶에서 상대의 가치를 높이 평가한다.

열정이 많은 사람은 사랑을 할 때 낭만적 감정, 신체적 매력에 대한 매료, 성적인 몰입 등을 드러낸다. 대부분의 관계에서 성적인 욕구가 열정의 주요 부분을 차지한다. 자아 존중감, 타인과의 친화, 타인에 대한 지배, 타인에 대한 복종, 자아실현과 같은 욕구들도 열정을 불러일으킨다.

많은 경우 교제관계는 결심과 헌신을 수반하는데, 이 사람을 사랑하겠다고

---

1 로버트 스턴버그, 《사랑의 심리학》, 고선주·조은숙·최연실 역, 하우, 1994, 69쪽.

결심하는 단기적 요소와, 그 사랑을 지키겠다는 헌신적인 마음의 장기적 요소로 나뉜 행태를 보인다. 그러나 사랑하겠다는 결심이 사랑에 대한 헌신을 의미할 필요도 없고, 사랑에 대한 헌신이 사랑하겠다는 결심을 내포할 필요도 없다. 많은 사람들은 상대를 사랑한다는 것을 인정하지 않은 상태에서 상대와의 사랑에 헌신하게 되지만, 헌신 이전에 사랑을 결심하는 경우가 더 빈번하다.

● 이상적인 사랑의 형태

친밀한 교제를 통해 서로 사랑하게 되면, 상대와 나 자신에게서 여러 형태의 사랑의 감정이 나타나는 것을 느끼게 된다. 상대가 진정한 배우자인지 알려면 상대와 내가 느끼는 사랑의 감정 안에 강한 열정과 헌신, 따뜻함, 자신감, 존경심 등 사랑을 구성하는 중요하고 핵심적인 요소들이 충분히 존재하는가를 세밀하게 살펴보아야 한다.

좋아함은 친밀감만 있고 열정과 결심/헌신의 요소가 없는 경우이다. 진정한 친구의 관계와 같은 결합이며 따뜻한 느낌이 있다.

도취적 사랑은 열정만 존재하고 친밀감, 결심/헌신의 요소가 보이지 않는 것이다. 상대를 있는 그대로 보지 않고 이상화하고 있는 경우가 많다. 홀린 듯한 감정을 느끼고, 상대방에게 비슷한 수준의 열정이 없을 때에는 비대칭적 관계로 인해 스트레스를 받기 쉽다.

공허한 사랑은 친밀감이나 열정 없이 상대에게 헌신하는 것이다. 오래된 연인 관계, 장기적인 약속으로 맺어진 관계의 시작 단계에서 나타난다. 전통적인 중매를 통한 관계에서는 헌신으로 시작하여 친밀감과 열정을 만들어가지만,

헌신만 남고 다른 요소가 사라졌을 때 다른 요소를 회복시키기는 어렵다.

　낭만적 사랑은 친밀감과 열정이 결합한 것으로 좋아함의 감정과 육체적이거나 그 외의 요소로 인한 매료가 더해진 형태다. 육체적, 감정적으로 밀착되어 있으며 조건을 따지지 않는 한때의 사랑이다. 낭만적이지만 열정이 식은 후의 관계에 대해서는 아직 준비가 되어 있지 않다.

　우애적 사랑은 친밀감과 헌신적 감정이 결합된 아주 오래된 우정과 같은 사랑이다. 육체적 열정이 약해진 우정 같은 관계로 혼인한 지 오래된 부부들에게서 종종 발견되는 사랑이다. 대부분의 낭만적 사랑이 차츰 변화해 우애적 사랑으로 남게 된다. 열정은 없어지기 시작하지만 친밀감은 남아 있다.

　얼빠진 사랑은 열정과 헌신이 결합한 관계이다. 열정으로 인해 도취된 사랑이다. 친밀감은 빈약하고 열정과 헌신만 있다. 열정이 식어가면 헌신만 남는데 그 헌신은 심화된 헌신이 아니므로 서로 상대방에게 쉽게 실망하게 된다.

　성숙한 사랑은 낭만적 관계에 있는 사람들이 종국적으로 도달하고자 하는 사랑이다. 완전한 사랑을 이루기 위해 갖추어야 할 친밀감, 열정, 헌신의 요소가 모두 존재한다. 얻기도 어렵지만 지키기는 더욱 어렵다.

　교제하는 이성은 서로에 대한 탐색의 단계를 거쳐 점차 친밀감을 형성하게 되는데, 이 과정에서 서로 지지하고 이해하며 존중해 주는가를 냉철하게 파악하도록 한다. 충분한 친밀감이 형성된 후, 열정적 사랑의 단계에서 성적인 욕구보다 더 챙겨야 할 것은 자아 존중감이다. 도취적 사랑의 감정이 이성을 지배할 수도 있으므로, 사랑을 결심하고 헌신할 수 있는 상대인지 숙고하여 후회 없는 선택을 해야 한다.

02 맞선 매너

　좋은 사람을 만나기 위해서 이성을 소개받았을 때에는 여러 가지를 주의해야 한다. 사람은 첫인상이 중요하다. 맞선에서 마음에 드는 이성을 만나도 제대로 분위기를 이끌지 못해 실패하는 경우가 있다. 처음 만나는 자리에서 효과적으로 나의 장점을 부각시키고 분위기를 부드럽게 이끌 수 있어야 한다.

● 첫 만남

　서로 약속시간 엄수는 필수, 옷차림은 계절에 맞게, 평소 즐겨 입는 스타일의 옷으로 입고 편한 신발을 신는다. 내 모든 것을 한 번에 드러내지 않고 조심스럽게 처신하여 너무 쉽게 가까워지지 않도록 한다. 나를 과대포장하여 상대의 환심을 사려고 하지 않는다. 차나 식사를 함께할 때는 밝은 표정을 유지하면서 여유 있게 한다. 상대의 호감 가는 면을 찾아 칭찬한다. 좋은 첫인상과 분위기, 옷차림, 헤어스타일, 밝은 표정, 듣기 편한 음성 등이 예가 될 수 있다. 서로 정중하게 예의를 갖추어 대하고 부드러운 표현을 쓴다.

● 배려하는 태도

　흔한 경우 처음 만남에서는 차나 식사 주문에서부터 행선지 결정까지 주로 남성이 상황을 이끌어가게 된다. 주도적으로 행동하되 동의를 구하는 것이 좋다. 항상 상대방을 배려하는 마음을 갖고, 선호를 묻되 선택을 강요하지 않는다.

● 대화 매너

대화 시에는 미리 주제를 생각하고 분위기를 이끌도록 한다. 무례하지 않은 질문을 던져 서로의 공통점을 찾는다. 좋아하는 음악이나 취미, 운동 등을 물어보아 한 가지라도 자신과 공유하는 면이 있다면 그것을 중심으로 대화를 이끌어 간다. 스포츠 경기나 영화 이야기, 여행 경험담도 준비한다.

서로의 가족관계나 학교, 혈액형, 소득 등 상투적인 화제는 피하는 것이 좋다. 대답하는 사람도 재미가 없고 분위기도 어색해진다. 질문보다는 이야기 중심으로 대화한다. 질문을 했을 때에도 억지로 대답을 들으려 하지 말고 자신의 에피소드를 먼저 이야기하는 등 상대가 부담 없이 참여할 수 있도록 대화를 시작한다. 이야기가 끝나고 다른 화제로 넘어갈 때 분위기가 어색해지는 경우가 있는데, 이때는 적당한 유머로 분위기를 살려준다. 유머 소재는 사실적인 사건이나 상황으로 하는 것이 좋다. 나름 노력의 흔적이 보여 신뢰감을 얻을 수 있다.

말을 너무 빨리 하거나 많이 하면 사람이 경박해 보이고, 말이 너무 없으면 분위기가 어색해진다. 말의 속도와 높낮이를 적당히 조절함으로써 신비감을 불러일으키도록 한다.

● 2차 매너

제한된 실내에 오래 머무르면 계속 화제를 이어나가기가 부담스러우므로, 장소를 옮기는 것도 좋다. 이동할 장소를 미리 알아두었다가 그 장소로 이동하면서 예약을 하는 것이 신사적이고 신뢰가 가는 행동이다. 될 수 있으면 대중에 너무 잘 알려지지 않은 곳이 적당하고, 지나치지 않게 색다른 체험을 할 수 있는 곳이면 더욱 좋다. 차가 있다면 코스를 정해 야외로 나가 바람을 쐬며 데이트를 즐길 수도 있다. 운전자, 주로 남성 측에서 이동경로와 교통 혼잡 여부 등을 미리 탐색해 놓는 것이 좋다.

● 애프터 매너

상대가 마음에 들어 교제를 이어가고 싶다면 오늘의 만남에 대한 좋은 느낌과 함께 추후에 함께 가볼 만한 명소를 소개하는 등 다음 만남을 기약하는 메시지를 전한다. 그 여운으로 다음을 기대하게 한다.

03 부모님께 첫 인사드리기

상대를 인생의 반려자로 선택한 후에는 우선 양가의 부모님께 인사를 드리게 된다. 집으로 찾아뵐 것인지, 밖에서 뵐 것인지 장소를 결정하고, 장소에 맞는 준비와 대응을 생각해 둔다. 첫인사로 절을 올릴지, 아니면 허리 숙여 인사할지 등도 미리 생각해두어야 한다. 처음 만나 인사하는 순간에 그 사람의 이미지가 결정된다. 이때 갖추어야 할 매너를 살펴보자.

● 옷차림

옷차림은 첫인상을 좌우하므로 매우 중요하다. 너무 튀지 않으면서 우아한 복장을 선택한다. 자신에게 가장 잘 어울린다고 생각한 옷을 입되 지나치게 끼는 옷, 너무 짧거나 화려한 장식이 많은 옷은 피한다. 단정하고 깔끔하여 내 몸이 편안해야 긴장감을 줄일 수 있다. 무늬가 화려한 옷보다는 단순한 것이 더 단정해 보인다. 가방과 헤어스타일, 의상, 구두, 손톱, 화장 모두 깔끔하고 세련되게 갖춘다.

● 선물 준비

어른들에게 처음 인사를 드리는 자리라면 작은 선물을 준비하는 것이 좋다. 이때 선물은 계절에 어울리면서 흔하지 않고, 부피가 너무 크지 않은 것으로 준비한다. 너무 약소하지도 않고 부담스럽지도 않아야 한다. 내용물에 어울리게 정성껏 포장해 가져가고, 인사와 소개를 끝낸 후 바로 정중하게 건넨다. 선물에 꽃을 곁들여 가져가면 훨씬 분위기가 좋다. 상대 가족의 취향을 고려하는 것이 좋으며 가족 중에 과일이나 꽃 알레르기가 있는지 미리 알아본다.

● 대면 시 예절

　인사드릴 장소에는 약속시간보다 10분 정도 미리 도착해 있어야 한다. 현관
에서 외투나 장갑을 벗는다. 너무 긴장하지 않도록 평정심을 유지하며 천천히
정중하게 인사를 한 후 자기소개를 한다. 윗사람이 자리에 앉은 다음에 앉고,
얼굴 표정은 밝고 온화하게 유지한다. 의자에 앉을 경우에는 의자 중앙에 깊숙
이 앉고 다리는 가지런히 모은다. 윗사람과 눈높이를 맞추며 어른의 말씀에 긍
정의 신호를 보낸다. 고개를 숙이거나 손장난을 하지 않는다. 질문에는 분명하
고 짧게 대답한다. 차를 마시거나 식사를 하게 될 경우 소리 내지 않고 천천히
먹는다. 어떤 음식이든 어른들이 먼저 드신 후 먹는다. 헤어질 때도 정중하게
인사한다.

04 상견례 예절

　상견례는 혼인이 결정된 후 양가의 어른들이 정식으로 만나 서로 인사하고
자식들의 혼인례를 이야기하는 자리이다. 이 자리를 통해 양가의 분위기, 가정
교육, 가풍 등을 서로 알 수 있고, 그날의 대화를 통해 혼인이 일사천리로 진행
되기도 하고 잘될 것 같던 혼사가 깨질 수도 있다.

　현대의 혼인 절차는 전통적인 혼인례에 비해 많이 간소화되었다. 하지만, 절
차가 다소 생략되었을 뿐 인륜지대사로서 혼인례의 의미와 그 중요성은 여전
히 강조되고 있다. 특히 집안과 집안의 만남이라는 의미에서 상견례는 혼인례

진행에 있어 중요한 위치를 차지한다. 주어진 조건을 고려하여 신중하게 계획하고 차분하게 준비한다.

● 장소 준비

상견례는 예비 신랑, 신부가 양가의 상황을 고려해 날짜와 시간, 장소를 정한다. 장소는 양가 모두에게 교통편이 좋고 계절에 맞는 쾌적한 곳으로 하며 반드시 사전에 답사한 후 결정하여 양가에 통보한다. 음식 메뉴와 가격, 분위기를 미리 파악하고 반드시 예약을 하며, 상견례 전날 예약을 확인하고 당일은 예약 시간보다 10분 일찍 도착한다. 상견례에는 양가 부모와 형제자매만 참석하는 것이 보편적이지만, 조부모와 함께 만나기도 한다.

좌석 배치는 사전에 장소 답사할 때 미리 계획한다. 창밖 풍경이 잘 보이는 곳, 출입문에서 먼 곳, 테이블 중앙이 상석이다. 양가 부모님이 상석에 앉으시고, 그 옆에 신랑 신부가 앉는다. 부모님이 앉으신 자리가 예절에서 정해지는 상석이 되는 것이다. 그 옆에 형제자매가 앉는다. 계절에 따라서는 여름엔 햇살이 비치지 않고 시원한 곳, 겨울엔 따뜻한 곳이 좋다. 출입문에서 멀리 떨어진 자리이면서 출입이 쉬운 곳이 편하고 좋다.

● 옷차림

양가 부모는 격식 있는 정장 차림을 한다. 점퍼 등 캐주얼 스타일의 옷은 예의에 맞지 않다. 남자는 넥타이 색상도 신경 써서 고르고 신발도 맞춰 신는다. 부부가 서로 색상을 조화롭게 입는 것도 센스다. 여자는 치마 정장을 입는 것이

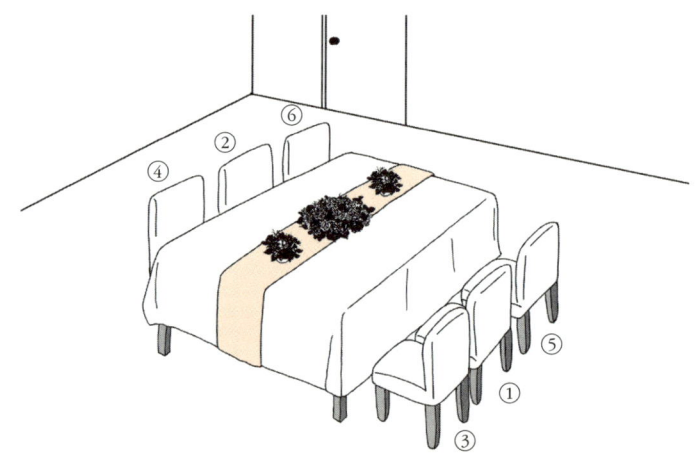

상견례 좌석 배치. 숫자가 적을수록 상석이다.

좋다. 예비 신랑 신부도 정장으로 차림을 갖추어야 한다. 계절에 맞는 옷을 입고 향수는 진하지 않게 사용한다. 장소가 좌식인지 입식인지 미리 파악하고 그에 맞추어 입는다. 상황에 따라 예기치 않게 구두를 벗을 수 있으므로 양말도 신경을 써서 신는다.

● 인사 나누기

상견례는 당사자들과 양가의 어른이 함께하는 자리이므로 기본적인 예의와 교양이 무엇보다 중요하다. 약속 장소가 아닌 입구에서 만났더라도 상대를 처음 만났을 때는 서로 가볍게 인사를 하는 것이 좋다. 모두가 자리에 앉기 전이거나 한쪽 집안이 먼저 도착해 있다면 시선을 맞추고 목례로 인사한다. 어른들을 상석에 모시고 양가 모두 착석하면 가족의 소개와 정중한 인사로 상견례를 시작한다. 소개는 예비 신랑이 하는 것이 좋다.

● 태도

눈을 바라보고 이야기하며, 부드러운 시선과 표정을 보인다. 오랜 시간이지만 바른 자세를 유지하도록 노력해야 한다. 허리를 반듯하게 펴고 양다리는 꼬지 않고 꼭 붙여 정숙한 모습을 한다. 다리를 떤다거나 손으로 턱을 괴지 말고, 손짓을 크게 하다가 실수하는 일이 없도록 주의한다. 상대와 음식 먹는 속도를 맞춘다. 첫 만남부터 상견례가 끝나 배웅을 할 때까지 웃는 얼굴을 유지하는 것이 좋다. 다만 너무 긴장한 나머지 경직된 얼굴로 이상한 미소를 보이지 않도록 한다. 너무 큰소리로 웃거나 웃을 때마다 입을 가리는 것도 보기에 좋지 않다. 얌전해 보이기 위해 너무 작은 목소리로 이야기를 하거나 말꼬리를 흐리면 소극적으로 보인다. 상대의 이야기에 끼어들지 말고 끝까지 경청한다.

● 대화 매너

대화는 날씨, 주변 분위기, 음식 등을 주제 삼아 부담 없는 이야기로 시작한다.'서로 긴장하여 대화가 단절되면 어색한 분위기가 되기 때문에, 미리 이야기할 내용을 생각해 두고 상대 집안에 대해서도 사전에 어느 정도 알아둔다. 계절 인사, 좋아하는 음식, 운동 등에 관해 가볍게 물어본다. 자기 자녀의 성장과정, 성품 등을 소개할 때 지나친 칭찬은 피한다. 상대방 자녀의 칭찬을 몇 가지 준비하고, 소중한 인연에 대해 감사를 표한다. 가풍이나 가훈을 소개해도 무방하다.

그 날의 날씨나 식당의 음식, 서비스 등에 불평을 하지 않는다. 불평이 많으면 상대방에게 예민하고 까다로운 사람으로 보일 수 있다. 만족스럽지 못한 점이 있더라도 좋게 넘어가야 양가의 첫 만남을 기쁘게 마무리할 수 있다. 상대방

에 대한 칭찬을 하는 것이 서로에게 좋은 인상을 남긴다.

　대화가 편안해지더라도 평소 사용하던 비어나 속어가 나오지 않도록 주의해야 하며 혼인 당사자들은 어른들 앞에서 '자기, 오빠, 너' 등의 호칭으로 서로를 부르지 않는다. 이름 뒤에다 씨를 붙여 '○○ 씨'라고 부르고, 부모님을 칭할 때도 자신의 어머니는 '어머니'로, 상대 어머니는 '어머님'으로 존칭을 쓰도록 한다.

　상견례 자리에서는 혼인 날짜, 살림집, 신혼여행에 대해 의견을 나눈다. 성의 있게 이야기하되 혼인을 반대했던 일이나 못마땅한 점에 관한 이야기들은 반드시 피해야 한다. 반대를 했더라도 앞으로 새 식구가 될 사람이니 좋은 점을 부각시켜 분위기를 편안하게 해주는 것이 좋다. 좋은 대화를 유도하되 다른 집안의 혼수나 예단과 같은 이야기는 하지 않는다. 당사자들은 어른들의 질문에 예의 바르고 정중하게 답하며, 자신의 생각을 천천히 또박또박 분명하게 말하도록 한다.

TIP 혼인절차와 시기

날짜	신랑이 해야 할 일	신부가 해야 할 일	신랑신부 같이 해야 할 일
1년 전	혼인 준비 계획	양가의 상의로 혼인 날짜 확정	양가에 인사, 혼인 스케줄 및 예산 계획
6개월 전	예식 규모 및 형태 계획	예식 규모 및 형태 계획	식장 및 피로연장 예약, 신혼여행 계획, 신혼집 위치와 규모 결정
3개월전	혼수와 예물 상의	시댁과 예물, 예단 상의, 혼수 시장조사	신혼집 인테리어 계획, 살림 구입목록 작성, 신혼여행 예약
2개월 전	청첩장, 하객명단	청첩장, 하객명단	청첩장 주문제작, 하객 명단 작성, 사진 및 비디오 촬영 예약, 건강진단
50일 전	주례 부탁, 예복 계획	신부화장 및 미용실 결정, 웨딩드레스, 부케 및 소품 예약	가구 및 가전제품 예약, 직장에 통보, 한복 맞춤, 예식 도우미 선정
40일 전	예복 예약	피부 관리 시작, 예단 구입, 침구 및 주방용품 구입	청첩장 발송 완료, 양가 어른들께 인사, 신혼집 인테리어 시작, 함 보내는 준비
20일 전	예단 받기	폐백음식 주문, 신혼살림 점검, 머리 손질 준비, 예단 보내기	신랑신부 친구들과 인사, 하객 수송 차량 예약 확인
10일 전	함 준비 및 함 보내기, 예복 맞춤, 구두 선택	함 받기, 웨딩드레스 맞춤, 부케 받는 친구 선정	직장에 휴가원 제출, 짐 옮기고 신혼집 꾸미기, 생활용품 구입, 전화 가설, 신혼여행 물품 구입, 예식 도우미 확인
9일 전	신혼여행 예약상황 확인, 여권, 비자 점검	여권, 비자 점검	가족과 함께 시간 보내기, 주례자 방문 인사, 신혼집 마무리 점검

날짜	신랑이 해야 할 일	신부가 해야 할 일	신랑신부 같이 해야 할 일
8일 전	한복 입어보기	웨딩드레스 가봉, 한복 입어보기, 절 연습하기	피로연 음식 장만 계획, 예복 및 예물 확인, 신혼여행 가방 싸기
7일 전	피부마사지, 헤어스타일 결정	피부마사지	신랑신부의 생활 계획
2일 전	예약 사항 최종 점검, 주례 확인, 웨딩카 확인	웨딩드레스 및 한복, 부케 점검, 폐백음식 확인	부모님께 감사 인사, 예식연습 ※야외 촬영 시 사전준비
1일 전	충분한 휴식과 수면	충분한 휴식과 수면	피로연 음식 장만
당일	예복 소품 챙기기, 예식 1시간 전 도착, 사회자와 식순 확인, 주례자 도착 확인, 웨딩카 준비상황 확인, 축의금 접수자 확인, 하객에 인사	예복 소품 챙기기, 도우미 짐 관리 부탁, 폐백음식 점검, 한복 점검, 화장품 챙기기, 축의금 접수자 확인, 하객에 인사	여행가방 점검, 신혼여행 출발 시의 여권과 복장 점검, 예식 도우미· 축가 가수·사회자 사례비 전달, 피로연에서 양가 부모, 친척, 동료, 친구 등에게 인사
신혼여행 후 1주일	시댁과 친정 방문 인사, 혼례 관련 친인척·친구 감사 인사		
신혼여행 후 2주일	신혼살림 정리, 혼인신고 전출입신고, 주소변경, 자동차 주소변경 양가 가족 생일 및 경조사일 기록, 가족계획 및 구체적인 생활설계		
신혼여행 후 3주일	집들이 계획 및 예산 짜기, 집들이 도우미 확인, 웨딩 사진 정리		

2

성숙한
가족 만들기

인간은 태어나면서부터 가족의 일원이 된다. 부모님으로부터 잉태된 '나'라는 존재가 이 세상에 태어나는 순간 최초로 맺어지는 관계가 '가족'이다. 사람은 가족에게서 신뢰와 사랑, 보호를 받으며 성장한다.

가족은 수많은 가치 있는 기능을 수행하며 구성원 간의 교제와 사랑을 통해 서로에게 정서적·심리적 안정감을 제공한다. 가족 간의 관계는 어떤 이익을 추구하는 것이 아니라 애정과 신뢰를 바탕으로 평안과 행복을 영위하는 관계이다.

01 가족이란

가족의 형태는 시대와 사회문화에 따라 달라진다. 예전에는 친족 모두가 한데 모여 사는 대가족 문화였지만 지금은 대부분 나와 부모, 형제자매가 모여 사는 가장 작은 단위의 핵가족을 형성하고 있다. 가족은 남편과 아내, 아버지와 어머니, 아들과 딸, 형제와 자매로 맺어지며 서로 상호작용함으로써 가계를 구성한다. 전통적으로 나와 남을 구분할 때 부모형제는 '남'에 포함시키지 않는다.

● 가족의 정의와 기능

가족은 '혼인이나 혈연 또는 입양의 유대로 맺어지며 단일가구를 형성하는 집단'이다. 개인과 사회의 중간단계에 위치하는 사회적 집단이라 할 수 있다. 또한 가족은 한 채의 가옥에 공동으로 거주하면서 가계 단위의 소비생활을 영위하는 친족 공동체로 정의될 수 있다. 가족은 전체 사회 속에서 하나의 통합된 부분적 사회집단, 사회체계를 이루고, 구성원 개개인이 모여 물리적 정신적 공간을 함께 공유한다. 가족은 개인의 성장과 발달에 영향을 미치며, 세대를 거듭함에 따라 그들 고유의 가족문화를 형성하고 소유한다. 현대사회에 와서는 핵가족의 비중이 늘어날 뿐 아니라 다양한 가족형태가 나타나고 있으며 가족의 개념이 보다 단순화되고 있다.

오늘날 가족의 형태는 전통적인 대가족제도에서 벗어나 대부분 소가족제도로 바뀌는 추세다. 대가족과 소가족의 정의는 식구 수가 많고 적음을 의미하기도 하고, 혈연관계의 범위가 얼마나 넓으냐에 따르기도 한다. 부부 중심의 가족일 경우에는 대개 식구의 수가 적어서 소가족의 형태로 본다. 그러나 자녀를 여러 명 낳는다면 핵가족이라도 대가족의 형태가 될 수 있다. 혈연을 기준으로 한 대가족은 출가한 딸을 제외하고, 아들이 혼인한 후에도 부모와 동거하는 부계 확대가족을 말한다. 핵가족은 부부와 그들의 미혼 직계 자녀로 구성된 가족이다. 확대가족은 자녀가 혼인 후에도 그들의 부모와 동거하는 가족형태이다.

가족의 기능은 그 시대의 문화나 시대의 변천, 사회체제에 따라 다르다. 일반적으로는 자녀를 양육하고 사회활동을 할 수 있도록 하며, 구성원 간에 사회의식을 공유한다. 아프거나 불편한 가족원을 돌보며 출산을 제도화하여 지원한다. 경제적으로는 가족 구성원에게 신체적·정신적 안전을 제공하고, 사회 전체의 질서와 안정을 강화하는 역할을 수행한다.

가족 구성원 개개인의 행동은 서로에게 큰 영향을 미친다. 서로는 애정을 도모하며 안정감을 부여하고 신뢰와 격려로 살아간다. 또한 편안하고 행복하고 싶은 인간의 기본 욕구를 만족시키고 동료의식을 나누며 서로의 통제력과 정의감을 수용한다.

● 가족의 역할과 가사분담

서로의 권리를 존중하고 사랑과 보호를 주고받으며 당당하고 친밀감 있는 가정을 형성하고 유지하는 것은 가족 모두의 의무이자 책임이다. 서로 다른 환경과 문화 속에서 형성된 생활습관이나 정서의 차이를 인정하고, 각자의 역할을 다함으로써 안정된 가족 관계를 이루어 나가게 된다.

핵가족화와 고도산업화를 거친 현대의 부부들은 맞벌이를 하는 경우가 많다. 행복한 가정생활을 위해서는 과거의 고정된 역할에서 벗어나 직장일과 가정생활의 조화로운 역할분담이 반드시 필요하다. 분주하고 힘든 가사노동은 직장생활 못지않게 많은 노동과 시간을 필요로 한다. 육아, 경제관리, 공과금 납부, 식사 준비, 장보기, 세탁, 청소 등 조목조목 업무를 파악하여 누가 할 것인지 구체적으로 정한다. 남녀의 성별에 따른 고정관념 때문에 여성에게 가사노동 부담이 치우치지 않도록 한다. 서로의 역할수행에 대한 기준을 낮추어 완벽함을 요구하지 않으며, 함께 노동하고 함께 휴식한다. 각각의 의사를 충분히 존중하고 상황에 맞게 함께 여가를 즐긴다.

02 출산과 부모 되기

부모는 건강한 아기를 출산하기 위해 무척 주의해야 하며, 좋은 마음 상태를 유지하기 위해 사전지식을 갖고 미리 준비한다. 전통적으로 우리나라는 부부의 몸과 마음이 건강해야 건강한 아기를 낳을 수 있다고 생각했기 때문에 아버지의 태교 또한 중요하게 여겼다. 위험한 곳이나 불결한 곳에 가지 않고 마음을 즐겁게 하며 좋은 것을 먹고 주변 환경을 쾌적하게 유지한다. 약물복용에 주의하고, 방사선 노출을 금하며, 풍진, 당뇨, 알코올 중독 같은 병에 걸리면 기형아를 출산할 확률이 높아지기 때문에 조심해야 한다. 임신을 즐겁게 받아들인 산모는 입덧도 덜하고, 출산의 고통도 적어 건강한 아기를 출산하게 된다.

● 잉태

부부관계를 할 때는 술을 많이 마신 날이나 천둥번개가 있는 날, 스트레스가 심한 날 등은 피한다. 소중한 생명을 잉태하기 위하여 좋은 때를 선택해서 미리 임신을 계획하고 부부의 심리적, 육체적 건강을 최상의 상태로 만든다.

난자는 매달 한 번, 보통 하나씩 배란되는데 난자의 수명은 단 하루 정도이다. 부부관계를 하면 남자의 정자가 여성의 질과 자궁을 통과하여 난관으로 들어간다. 제일 먼저 도착한 가장 건강한 정자가 난자의 벽을 뚫고 들어가 수정이 된다. 수정이 되면 세포분열을 계속하다 자궁벽에 착상하여 280일 정도 자란다. 임신 2개월째부터 사람의 형태를 갖추기 시작한다. 태아는 탯줄을 통해 영양과 산소를 공급받는다. 임산부의 영양이 부족하면 태아의 정상적인 발육이 이루어지기 어려우므로 유의한다.

● 임산부 건강 관리

임신에 영향을 줄 수 있는 질환에 대해서는 평소 예방과 치료가 필요하다. 특히 스트레스, 흡연, 음주, 과로, 과도한 성관계 등 일상에서 문제를 초래할 수 있는 생활습관은 주의해야 한다. 술은 난자와 정자가 수정되어 태아가 성장하는 동안에도 영향을 주므로 미리 끊고 임신을 준비해야 한다. 임신 중 자주 술을 마시면 태아 알코올 증후군 (FAS, Fetal alcohol syndrome)의 영향으로 유산 및 태아의 뇌 신경계 손상, 기형아 출산의 우려가 있다. 술과 함께 약물을 복용하는 것은 더욱 더 치명적인 결과를 가져올 수 있다. 임신 전 예비 아빠의 지나친 음주도 태아 알코올 증후군을 초래할 수 있으므로 주의한다. 또 임산부가 담배를 피우지 않더라도 간접흡연을 하게 되면 니코틴을 비롯해 다른 해로운 물질에 노출될 수 있으므로 주의한다. 음료나 식품을 통해 카페인 400mg 이상을 섭취하면 태아의 호흡기에 영향을 줄 수 있고, 수정이 이루어질 시기의 약물복용도 위험하다. 규칙적이고 균형 잡힌 식사와 운동으로 몸을 건강하게 만든다.

● 태교

 태교란 임신부와 아버지가 자신을 수양하여 태아에게 좋은 영향을 주는 일이다. 태아를 단순 세포생명체 이상의 인격적 존재로 보아 출생 후 발달을 위한 기초가 태아기 때 형성된다고 인식하는 것이다. 그러므로 임신 중 태아에게 좋은 환경을 제공하여 심신 양면이 건강한 태아를 출산하는 것이 태교의 목적이다.

 일반적으로 태교는 모체와 태아 간 상호 교류와 애착의 개념을 중시한다. 임신 중에는 정신 상태가 불안정해지기 쉽고 감정 변화가 심해진다. 이러한 강한 정신적 변화는 혈액 성분에 변동을 일으켜 탯줄 혈관을 통해 태아에 영향을 줄 수 있으므로, 산모의 정신적 안정을 꾀하는 것 역시 중요한 태교의 요소다.

 태교는 부모의 수양과 노력에 따라 이루어진다. 조선시대 태교서를 쓴 사주당 이씨는 《태교신기》에서 '아비 낳음과 어미 기름과 스승 가르침이 모두 한가지다. 의술을 잘하는 자는 아직 병들지 아니함을 다스리고, 가르치기 잘하는 자는 태어나기 전에 가르친다. 그러므로 스승 십 년 가르침이 어미 잉태하여 열 달 기름만 같지 못하고 어미 열 달 기름이 아비 하루 낳는 것만 같지 못하다'[2]고 하였다. 임신 중인 어머니뿐만 아니라 아버지의 태교 또한 강조한 것이다. 이처럼 태교의 책임은 어머니에만 국한되지 않고 아버지, 시부모, 친정부모 등 모든 가족에게 요구된다. 또한 태교의 수행기간은 수태 이후부터가 아니라 임신을 준비하는 시기까지 포함한다. 임신 이전부터 아기가 태어날 때까지 부부의 심신과 주변 환경 모두 중요한 것이다.

 태교는 부모의 좋은 습관이 훌륭한 자녀를 탄생시킨다는 믿음을 바탕으로

---

2 사주당 이씨, 《태교신기》, 최삼섭·박찬국 역, 성보사, 1991, 35쪽

한다. 따라서 아버지에게는 몸가짐과 마음가짐, 언행을 바르게 할 것이 요구된다. 정조관념을 지켜야 하며 큰소리를 지르거나 짜증은 금물이다. 과음과 흡연을 삼가고, 아내의 심리 상태를 넓게 수용하고 배려해야 한다. 모자의 영양 상태를 고려해 균형 잡힌 식사를 하도록 하는 것도 아버지의 일이다.

어머니 역시 몸가짐과 마음가짐과 언행이 중요하다. 임부는 함부로 말하지도 듣지도 말며, 감정을 평화롭게 한다. 임부가 보고 듣고 생각하는 것이 그대로 태아에게 반영되기 때문이다. 편안한 옷을 입고, 과식하지 않는다. 좋은 음악을 들으며 심신을 즐겁게 한다. 과도한 카페인 섭취는 자제한다. 주변 사람 중에 언행이 모범이 될 만한 사람을 가까이 하도록 한다. 외형이 반듯한 음식을 골라서 먹고, 인스턴트식품은 피한다. 냉한 곳, 더러운 곳, 험한 곳 등은 가지 않는다. 가족 모두가 평정을 유지하고 언행을 삼가야 하며 주위에서도 협력해야 한다. 미리 태교를 하는 사람은 아이 출생 후 양육자 역할을 더 잘할 수 있다.

● 출산

출산 예정일이 되면 먼 길 외출을 삼가고 몸의 상태를 주시한다. 아기를 낳을 때가 되면 '이슬'이라고 하는 피 같은 점액성 분비물이 보이고, 자궁이 수축하며 진통이 시작된다. 처음에는 약하게 시작하나 점점 규칙적으로 변하며 횟수가 많아지고 고통도 참기 어려워질 만큼 증가한다. 진통은 자궁 입구가 10cm 정도로 벌어질 때까지 계속된다. 태아의 머리 지름이 10cm 정도라 더 적게 열린 상태로 분만이 시작되면 태아에게 위험하므로 임신 요가나 운동으로 미리 준비하는 것이 좋다. 자궁이 적게 열리면 태아가 뇌성마비가 되거나 생명이 위험할 수도 있다.

출산 진통은 대개 초산부의 경우는 10시간 이상, 출산 경험이 있는 산모는 5~6시간 동안 진행된다. 아기는 산모가 느끼는 진통의 10배를 겪으면서 세상에 나올 준비를 한다. 고통 끝에 드디어 아기가 나오고 아기는 울음으로 첫 호흡을 시작하며 세상과 만나게 된다. 아기와 엄마의 고통은 아기가 엄마 몸 밖으로 나오기 직전까지가 가장 크다. 출산과 동시에 그 고통은 사라지게 되지만, 간혹 가벼운 통증이 남는 경우도 있다. 세상의 모든 어머니들은 사랑의 결실로 새 생명을 얻는다는 기쁨과 신비감에 어려운 진통의 과정을 묵묵히 견뎌낸다. 아기는 그 어떤 것과도 비교할 수 없는 귀한 생명으로, 그 자체만으로도 소중하고 고귀한 존재이며 축복이다.

● 몸조리

출산 후 산모의 몸은 매우 지치고 힘든 상태이다. 안정을 취하고 균형 잡힌 식사를 통해 필요한 영양소를 섭취해야 한다. 무리한 운동, 찬바람, 차가운 음식을 멀리한다. 몸을 따뜻하게 하고 모유를 수유하기 위해 충분한 마사지와 소독을 한다. 모유수유를 위해서는 산모와 가족의 노력이 반드시 필요하다. 퇴원후 산후조리원으로 갈 것인지 또는 집으로 갈 것인지 미리 결정해 예약하고 가사 도우미 고용 여부도 결정한다.

출산 직후 가족·친지들은 방문을 자제해야 한다. 아직 산모나 아기의 면역력이 온전하지 않기 때문이다. 퇴원 후 한 달이 지난 다음 상황을 고려해서 방문하고 오래 머물지 않도록 한다. 방문자는 미리 축하카드나 작은 선물을 준비한다. 산모가 심신을 편안하게 쉴 수 있으려면 주변의 관심이 절실히 요구된다.

● 산후우울증

산후우울증(postpartum depression)이란 출산 후에 겪을 수 있는 우울증으로 산후 우울감과 산후우울증으로 분류된다. 산후 우울감은 분만 후 2~4일 내로 시작되는 가장 약한 형태의 우울증이다. 출산 후 많게는 거의 85%에 달하는 여성들이 일시적으로 우울감(Postpartum Blues)을 느끼게 된다. 대개 공연히 눈물이 솟구치고 울적해하며, 마음이 불안하거나 기분 변화가 심해진다. 잠들기 힘들고 사소한 일에도 예민해지는가 하면 짜증을 내기도 한다. 우울증의 과거병력이 있거나 임신 중 우울증을 경험한 사람은 산후 우울감이 올 수 있다. 3~5일째에 가장 심하나 대개 2주 이내에 호전된다. 대부분 일상적 기능 수행에 심각한 장애를 초래할 정도로 심한 형태는 아니어서 자연스럽게 사라지지만, 드물게 좀 더 심각한 형태의 산후우울증으로 이행되는 경우도 있다.

산후우울증은 단일한 원인보다는 생물학적, 심리적, 사회적 등 복합적인 요소들에 의해 일어난다. 여성호르몬인 에스트로겐과 프로게스테론은 임신기간 동안 아주 많이 증가했다가 출산 후 급격히 감소하여 점차 임신 전과 비슷한 수준으로 돌아가는데, 단정할 수는 없으나 출산 후 호르몬의 급격한 변화나 분만 후 갑상선 호르몬의 감소가 산후우울증 유발에 어느 정도 관여할 것이라는 의견들이 제시되고 있다.

산후우울증은 산후 우울감과 비슷한 증상을 보이지만 좀 더 늦게 발병하고 좀 더 심한 형태로 나타난다. 산모의 약 10~20% 정도에게서 발병되며 대개 산후 4주를 전후로 증세가 나타난다. 드물게는 출산 후 수일 이내 혹은 수개월 후에도 발생할 수 있다. 대개 발병 3~6개월 후면 증상이 호전되지만 치료받지 않을 경우 1년 넘게 지속되기도 한다. 우울증으로 발전할 가능성이 있으므로 약물치료가 필요하다. 아래 증상들 중 다섯 가지 이상이 거의 매일 또는 연속 2주 이상 일상생활에 지장을 줄 정도로 나타나는 경우에는 주의를 필요로 하는 우울증으로 볼 수 있다.

- 늘 우울하거나 슬픔의 감정이 지속된다.
- 모든 일상생활에 대한 흥미나 즐거움을 상실한다.
- 불면증 혹은 수면 과다 상태가 지속된다.
- 주변 사람을 피하거나 정신적으로 초조해한다.
- 현저한 에너지 상실, 좌불안석, 쉽게 피로를 느끼고 행동이나 말이 갑자기 느려진다.
- 식욕이나 체중의 현저한 감소나 증가 현상이 있다.

- 삶에 대한 회의나 부적절한 죄책감을 갖는다.
- 집중력이 저하되고 우유부단해진다.
- 죽음에 대한 반복적인 생각 또는 자살의 충동을 느낀다.
- 아기의 건강이나 사고 발생에 대해 과도하고 부적절한 걱정을 한다.
- 아기에 대한 관심을 상실하거나, 아기에게 적대적이거나 폭력적인 행동을 한다.
- 자신이나 아기에게 산모 스스로가 해를 끼칠 것 같은 두려움이 있다.

산후우울증을 겪게 되었을 때는, 치료되어야 하고 또 치료될 수 있다는 믿음으로 적극적인 치료에 임해야 한다. 정신 치료, 약물치료를 단독으로 시행하거나 병행해서 한다. 증상이 심하거나 만성적일 때, 산후우울증 과거력이 있을 때, 혹은 우울증의 가족력이 있을 때는 약물치료를 받는 것이 좋다.

항우울제를 복용한 지 3~6개월이 지나면 대개 증상이 호전되지만 증상이 호전된 후에도 꾸준히 치료받는 것이 중요하다. 증상이 심한 경우는 입원치료를 해야 하며 약물치료를 받으면서 수유를 하는 경우에는 의사와 상의해야 한다. 주변 사람들과 가족들은 산모에게 관심을 갖고 보살피며 편안한 환경을 제공하고, 특히 배우자가 치료 과정에 관심을 가지고 적극적으로 참여하는 것이 좋다.

환자는 자신의 감정이나 증상에 대해 편안하게 대화할 사람을 찾도록 한다. 스스로 할 수 없는 일은 배우자나 가족 구성원 혹은 친구들에게 도움을 청해야 한다. 아기가 잘 때는 되도록 같이 자고 충분한 휴식을 취한다. 익숙하지 않은 육아가 힘겹게 느껴지면 믿을 만한 사람에게 맡기고, 자신만을 위한 편안한 시간을 갖는다. 골고루 균형 잡힌 식사를 하고 카페인, 알코올, 설탕 섭취를 줄인다. 매일 집 밖으로 나가 천천히 걸으며 적어도 20~30분 정도 산책을 하는 것이 좋다. 배우자와 아기와 산모는 축복받은 새로운 한 가족임을 인정하고 부부만의 대화하는 시간을 갖는다. 치료의 열쇠는 산모 자신이 가지고 있다는 것을 알아야 한다.

● 불임

피임을 하지 않고 정상적인 부부생활을 하는데 임신이 되지 않는 경우를 불임이라 한다. 여성의 연령이 35세가 지나고 나면 생식능력이 급감하므로 혼인을 한 부부라면 그 이전에 출산 계획을 하는 것이 좋다. 임신을 계획하고 아기를 가지려고 노력한 지 6개월이 지나도 임신이 안 되면 불임 전문 의사를 찾아보는 것이 좋다. 불임은 남성 측 요인과 여성 측 요인으로 구별할 수 있으나 원인불명의 불임도 있다.

여성 불임은 몸 안의 호르몬 불균형으로 인한 배란 장애, 자궁 장애, 난관의 기능장애, 수정란 착상 장애, 만성질환이나 면역학적 인자의 이상에 의해 생길 수 있다. 남성 불임은 정자 생성 과정에 문제가 있어 건강한 정자가 생성되지 않거나 정자 수 부족, 정자 운동성 부족 등의 문제로 생길 수 있다. 혹은 정자가 배출되는 경로 장애, 발기 장애, 사정 장애 등으로 인해 여성의 질 내로 사정 자체가 되지 않는 경우 등이 있다.

03 가족 간의 올바른 칭호

혼인을 하면 여자에게는 시가, 남자에게는 처가라는 친척 관계가 형성된다. 같은 대상이라도 경우에 따라서 달리 불러야 하므로, 대화나 전화 시, 혹은 다른 사람에게 소개할 때 호칭이나 지칭을 바르게 사용하여 예에 어긋나지 않도록 한다. 호칭은 상대를 직접 부르는 말이며, 지칭은 다른 사람에게 말할 때 가리키는 말로 이 두개를 포괄하는 것이 칭호이다.

● 나의 칭호
- 저, 제 : 웃어른이나 여러 사람에게 말할 때
- 나 : 같은 또래나 아랫사람에게 말할 때. 근친 어른에게 쓰기도 한다.
- 우리, 저희 : 자기 쪽을 남에게 말할 때
- 상대가 부르는 칭호 : 자기를 아랫사람에게 말할 때는 상대가 나를 부르는 호칭으로 말한다. 손자에게는 할아비 · 할미, 자녀에게는 애비 · 어미, 제자에게는 선생님이라고 호칭한다.

● 부부간의 칭호
부부의 호칭은 혼인 기간이나 나이에 관계없이 '여보'라고 부르고, 남편과 대화 도중 남편을 지칭하는 경우는 '당신'이라고 부른다. 혼인 전에 사용했던 호칭을 그대로 사용하여 '형, 오빠, 너, ○○아'라고 부르는 것은 옳지 않다. '○○씨'라고 부르는 것도 영어의 미스터를 번역한 느낌이고, 부부간의 정이 느껴진

다기보다는 사무적인 인상을 주기 때문에 쓰지 않는 것이 좋다. 연애기간에 불렀던 '자기', '자기야'라는 호칭을 쓰는 것도 바람직하지 않다. 자녀가 있는 경우 '아빠'라고 부르는 경우도 옳지 않다. 'OO(자녀) 아빠'라고 부르는 것이 옳은 호칭이다. 남편을 자신의 친구들에게 지칭할 때는 '그이', '남편', '애아버지', '애 아빠', 'OO(자녀) 아버지', 'OO(자녀) 아빠'라고 한다.

남편을 다른 사람에게 지칭할 때 '신랑'이라고 쓰는 사람이 많고, 이것을 허용하자는 의견도 있지만 격식을 갖추어야 하는 상황에서 사용하는 것은 바람직하지 않다. 또한 남편의 직함을 붙여 '우리 과장', '우리 부장'으로 지칭해서도 안 되고, 남에게 남편을 '부군'이라고 지칭하거나 아내를 '부인'이라고 해도 안 된다.

- 여보, 당신, OO(자녀) 아빠, OO(자녀) 아버지 : 아내가 남편을 부르거나 부부가 서로 지칭할 때
- 여보, OO(자녀) 엄마, 임자, OO(손자, 손녀) 할머니 : 남편이 아내를 부르거나 부부가 서로 지칭할 때
- 제댁(宅) : 자기 집이나 처가 윗대 어른에게 자기 아내를 말할 때
- 아범, 아비, 그이 : 시부모에게 남편을 말할 때
- ○ 서방, 아범, 아비 : 친정 부모님에게 남편을 말할 때
- 그이, ○ 서방 : 손위 동기에게 남편을 말할 때

● 부모에 대한 칭호

사람이 태어나 가장 먼저 배우는 말이 부모님을 부르는 말이다. 나의 아버지는 '아버지', '아빠'로 부르고, 나의 어머니는 '어머니', '엄마'로 부른다. 격식을

갖추어야 할 상황이나 공식적인 자리에서는 '아버지', '어머니'라고 부른다.

- 아버지, 어머니 : 자기의 부모를 직접 부르고 지칭하거나, 남에게 말할 때

아버지에 대한 호칭, 지칭

		살아 계신 아버지		돌아가신 아버지
호칭		아버지, 아빠		
지칭	당사자에게	아버지, 아빠		
	어머니에게	아버지, 아빠		아버지
	조부모에게	아버지, 아빠		아버지
	형제, 자매에게 친척에게	아버지, 아빠		아버님, 아버지
	배우자에게	남편에게	아버지, 친정아버지	친정아버님, 친정아버지
			○○(지역) 아버지	
		아내에게	아버지	아버님, 아버지
	배우자 가족에게	시댁 쪽 사람에게	친정아버지	친정아버님, 친정아버지
			○○(지역) 아버지	○○(자녀) 외할아버지
			○○(자녀) 외할아버지	○○(자녀) 외할아버님
		처가 쪽 사람에게	아버지	아버님, 아버지
	그 밖의 사람에게	아들이	아버지	아버님, 아버지
			○○(자녀) 할아버지	○○(자녀) 할아버님
				○○(자녀) 할아버지
		딸이	아버지, 친정아버지	아버님, 아버지
			○○(자녀) 외할아버님	○○(자녀) 외할아버지
				○○(자녀) 외할아버님

출처: 표준 언어 예절. 국립국어원

어머니에 대한 호칭, 지칭

			살아 계신 어머니	돌아가신 어머니
호칭			어머니, 엄마	
지칭	당사자에게		어머니, 엄마	
	아버지에게		어머니, 엄마	어머니
	조부모에게		어머니, 엄마	어머니
	형제, 자매에게 친척에게		어머니, 엄마	어머님, 어머니
	배우자에게	남편에게	친정어머님, 어머니, 엄마 ○○(지역) 어머니	친정어머님, 친정어머니
		아내에게	어머니	어머님, 어머니
	배우자 가족에게	시댁 쪽 사람에게	친정어머니 ○○(자녀) 외할머님 ○○(자녀) 외할머니	친정어머님, 친정어머니 ○○(자녀) 외할머님 ○○(자녀) 외할머니
		처가 쪽 사람에게	어머니	어머님, 어머니
	그 밖의 사람에게	아들이	어머니 ○○(자녀) 할머니	어머님, 어머니 ○○(자녀) 할머님 ○○(자녀) 할머니
		딸이	어머니, 친정어머니 ○○(자녀) 외할머니	어머님, 어머니 친정어머니 친정어머니 ○○(자녀) 할머님 ○○(자녀) 할머니

출처: 표준 언어 예절. 국립국어원

- 아버님, 어머님 : 배우자의 부모를 직접 부르고 지칭하거나, 남에게 말할 때와 남에게 그 부모를 말할 때
- 애비, 어미 : 부모보다 어른인 분에게 자기의 부모를 말할 때와 부모가 자녀에게 자기를 지칭할 때, 조부모가 손자녀에게 그 부모를 말할 때
- 아빠, 엄마 : 아이가 자기 부모를 부르거나 말할 때
- 가친(家親), 자친(慈親) : 자기 부모를 남에게 말할 때의 한문식 지칭
- 춘부장(春府丈), 자당님(慈堂님) : 남에게 그의 부모를 한문식으로 말할 때
- 부친(父親), 모친(母親) : 남에게 다른 사람의 부모를 말할 때
- 현고(顯考), 현비(顯妣) : 축문이나 지방에 죽은 부모를 쓸 때
- 선친(先親) : 남에게 자기의 돌아가신 아버지를 말할 때
- 선비(先妣) : 남에게 자기의 돌아가신 어머니를 말할 때

● 시댁 가족에 대한 칭호
- 아버님, 어머님 : 남편 부모를 부르거나 말할 때
- 아주버님 : 남편의 형을 부르거나 가족 간에 말할 때
- 시숙 : 남편의 형을 남에게 말할 때
- 형님 : 남편의 형수나 누님을 부를 때
- 도련님 : 남편의 장가 안든 동생을 부를 때
- 서방님 : 장가 든 시동생을 부를 때
- 시동생 : 남에게 자기 남편의 동생을 말할 때
- 동서 · 자네 : 시동생의 아내를 부를 때

- 작은아씨 : 시집가지 않은 손아래 시누이를 부를 때와 가족 간에 말할 때

- ○ 서방댁 : 시집간 손아래 시누이를 부를 때와 가족 간에 말할 때

- 시누이 : 남편의 자매를 남에게 말할 때

- ○ 서방님 : 시누이의 남편을 부를 때

● 처가 가족에 대한 칭호
- 장인어른, 아버님 : 아내의 아버지를 부를 때

- 장모님, 어머님 : 아내의 어머니를 부를 때

시어머니에 대한 호칭, 지칭

호칭		어머님, 어머니
지칭	당사자에게	어머님, 어머니
	시아버지에게	
	시조부모에게	
	남편에게	어머님
	남편의 동기에게	
	남편의 동기 배우자에게	
	자녀에게	할머니, 할머님
	시댁친척에게	어머님
	친정 쪽 사람에게	시어머님, 시어머니
		○○(자녀) 할머니, ○○(자녀) 할머님
	그 밖의 사람에게	시어머님, 시어머니, 어머님
		○○(자녀) 할머니, ○○(자녀) 할머님

출처: 표준 언어 예절. 국립국어원

- 장인어른, ○○(자녀) 외할아버지, 장모님, ○○(자녀) 외할머니 : 아내의 부모를 남에게 말할 때
- 처남댁, ○○ 어머님 : 처남댁을 부를 때
- 처형, ○○ 어머님 : 처형을 부를 때
- 처제, ○○ 어머님 : 처제를 부를 때
- 처남, 자네 : 손아래 처남을 부를 때
- 형부 : 언니의 남편을 부를 때
- 제부 : 여동생의 남편을 부를 때

● **사위에 대한 칭호**

- ○ 서방, ○○(외손주) 아범, ○○(외손주) 아비, 여보게 : 장인, 장모가 사위를 부를 때
- ○ 서방 : 딸에게 사위를 지칭할 때

● **며느리에 대한 칭호**

- 어멈, ○○(손주) 어멈, 어미, ○○(손주) 어미, 아가, 새아가 : 시어머니, 시아버지 가 며느리를 부를 때
- 어멈, ○○(손주) 어멈, 어미, ○○(손주) 어미, 네 댁, 네 처 : 아들에게 며느리를 지칭할 때

며느리에 대한 호칭, 지칭

호칭		어멈, ○○(손주) 어멈, 어미, ○○(손주) 어미
		아가, 새아가
지칭	당사자에게	어멈, ○○(손주) 어멈, 어미, ○○(손주) 어미
		아가, 새아가
	부모에게	며늘애, 어멈, ○○(손주) 어멈, 어미,
		○○(손주) 어미, ○○(아들) 처
	배우자에게	며늘애, 새아기, 어멈, ○○(손주) 어멈, 어미, ○○(손주) 어미, ○○(아들)댁, ○○(아들) 처
	당사자 남편인 아들에게	어멈, ○○(손주) 어멈, 어미, ○○(손주) 어미, 네 댁, 네 처
	아들에게 동생의 아내를	○○(손주)어멈, ○○(손주) 어미, ○○(아들)댁,
		○○(아들) 처, 제수, 계수
	아들에게 형의 아내를	○○(손주) 어멈, ○○(손주) 어미, 형수
	딸에게 남동생의 아내를	○○(손주) 어멈, ○○(손주) 어미, 올케,
		○○(아들) 댁, ○○(아들) 처
	딸에게 오빠의 아내를	○○(손주) 어멈, ○○(손주) 어미, 올케, 새언니
	다른 며느리에게	○○(손주) 어멈, ○○(손주) 어미, 형, 동서
	사위에게	처남의 댁, 처남댁, ○○(손주) 어멈, ○○(손주) 어미
		○○(아들)댁, ○○(아들) 처
	손주에게	어머니, 엄마, 에미
	친척에게	며느리, 며늘애, ○○(아들)댁, ○○(아들) 처
		○○(손주) 어멈, ○○(손주) 어미
	사돈에게	며늘애, ○○(손주) 어멈, ○○(손주) 어미
	그 밖의 사람에게	며느리, 새아기

출처: 표준 언어 예절. 국립국어원

04 친족관계

● 혈족과 촌수

남자 조상이 같은 집안의 혈연관계를 핏줄 또는 혈족이라고 하며, 동성동본의 일가라고도 한다. 직계존속의 여자인 어머니, 할머니, 증조할머니와 직계비속남자의 아내인 며느리, 손부는 핏줄은 아니지만 핏줄과 같이 간주해 혈족의 범위에 포함한다.

직계 여자 조상인 할머니, 어머니의 친족을 외척(外戚)이라고 하고, 직계존속 남자의 자매인 고모, 대고모나 자신의 자매나 누이 또는 딸이나 손녀가 시집가서 낳은 자손은 내척(內戚)이라고 한다. 혼인으로 인해 집안 친족이 된 사람, 즉 남자 입장에서는 아내의 친정 가족, 여자 입장에서는 남편의 직계가 아닌 친족을 인척(姻戚)이라고 한다.[3]

친척 간의 멀고 가까움은 촌수를 따져서 말한다. 직계가족과의 촌수는 자신과 상대의 대수(代數)이고 아버지와 나는 1대가 되고 1촌이다. 할아버지와 나는 2대가 되고 2촌이다. 형제자매는 자신과 아버지는 1대이고, 아버지와 형제자매도 1대이므로 합해서 2대가 되고 2촌이다. 백부와 숙부는 할아버지에게서 분리되었으므로 1대이고, 할아버지와 자신은 2대이므로 백숙부와 자신은 3대가 되고 3촌이다.

---

3 성균관 출판부, 《우리의 생활예절》, 성균관, 1997

나의 가족관계도 : 친가

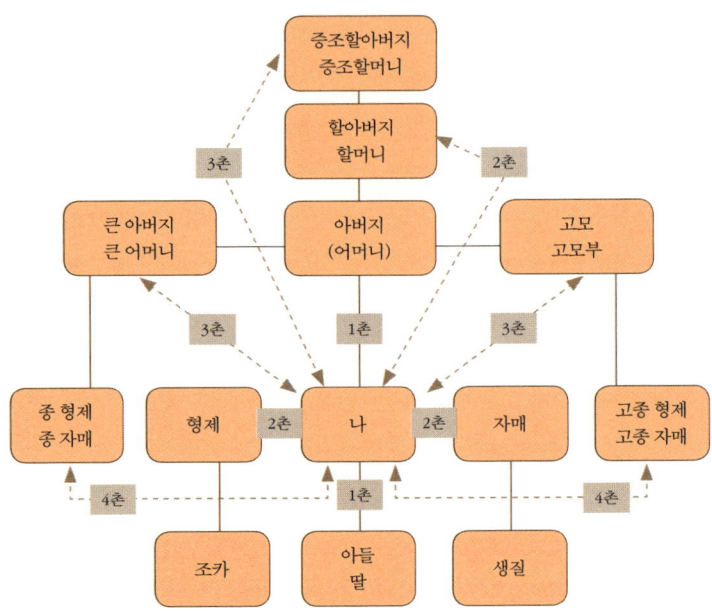

나의 가족관계도 : 외가

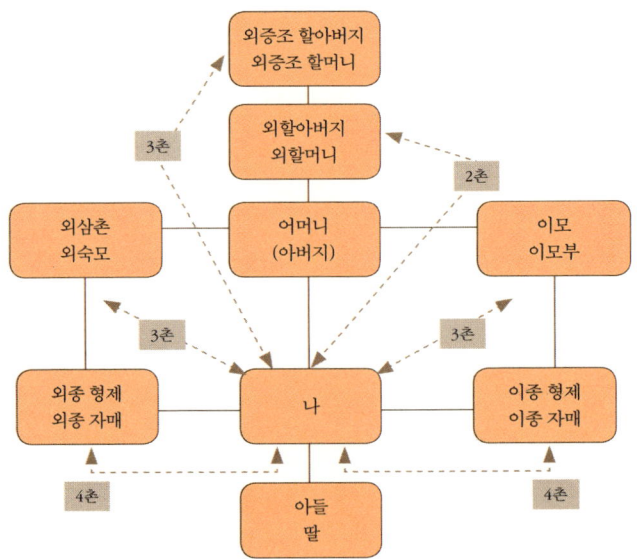

● 정과 친밀감 키우기

핵가족화가 진행된 현대사회에서는 가까운 친족 사이도 소원해지기가 쉽다. 그러나 친족은 기쁜 일과 힘든 일을 함께 나눌 수 있는 또 하나의 가족이다. 그러므로 평소부터 친밀감을 키우기 위한 노력이 필요하다. 또한 불화가 생겼을 때는 바로 해결해야 한다. 종이 한 장을 말아놓았다고 하자. 5분 후 펴면 펴져서 본래로 돌아오는데 10분 걸리고, 1시간 후 펴면 3시간 걸리고, 하루 뒤에 펴면 이틀이 걸려야 본래로 돌아온다. 관계 역시 이와 마찬가지라는 생각을 가지고 문제를 방치하지 말아야 한다.

- 기념일을 꼭 기억하고 성의껏 선물을 한다.
- 친인척 방문 시 빈손으로 가지 않는다.
- 휴가를 함께 즐긴다.
- 어려움을 당했을 때 찾아가 위로한다.
- 작은 일도 함께 공유하고 아낌없이 칭찬한다.
- 합격·승진을 축하한다.
- 병이 났을 때 헌신적으로 간호한다.
- 여행에서 돌아올 때 선물을 꼭 챙긴다.
- 명절에 함께 참여하는 전통 놀이로 친밀감을 쌓는다.
- 세시풍속을 함께 즐긴다.
- 영화·연극·음악회에 초대한다.
- 화해와 용서는 빠를수록 좋다.

✻

비즈니스란 사람과 사람 사이에서 이루어지는 일이다.
서로에 대한 폭넓은 이해, 인간적 존중과 공감을 전제로 할 때
성공적인 비즈니스가 가능하다.

3장
성공과 인간관계를 위한
비즈니스 매너

김순향

자기 가치를 높이는
사내 비즈니스

비즈니스란 사람과 사람 사이에서 이루어지는 일이다. 서로에 대한 폭넓은 이해, 사회적 관점에서 세상을 바라보는 능력, 인간적 존중과 공감을 전제로 할 때 성공적인 비즈니스가 가능하다. 비즈니스 매너는 이런 이해와 공감을 바탕으로 상대방을 배려하는 기술이다. 성공적인 업무 진행뿐 아니라 원활한 인간 관계와 즐거운 업무환경 조성을 위해서도 필수적인 생활기술이라고 하겠다.

01 신뢰받는 직장생활 매너

신뢰받는 비즈니스맨이 되기 위해서는 바른 언어 사용, 직장동료와 업무 관계자에 대한 배려, 올바른 직업윤리관이 필수적이다. 직업윤리란 업무 수행에 기준이 되는 윤리이자 직업인 집단 안에서의 일종의 행동규범으로, 이를 통해 직업인 각각이 전문인으로서의 긍지를 지키고 사회에 봉사할 수 있다.

조직의 구성원은 출근에서 퇴근까지 조직 내에서 이루어지는 모든 일에, 작은 것이라도 몸가짐을 바로 하고 성실하게 임해야 한다. 이러한 부분은 사소한 듯하지만 매우 중요하고, 성실함을 평가하는 척도가 될 수도 있다. 또한 위임받은 업무를 원활히 수행하면서 조직 생활을 잘하기 위해서는 기본적으로 타인을 존중하고 폐를 끼치지 않으려고 노력하며, 타인에게 호감을 주고자 하는 마음가짐이 필요하다. 여기에 조직과 사회에 기여한다는 자세로 일에 임한다면 자신의 삶의 가치도 높일 수 있다.

● 출근

시간(Time), 장소(Place), 상황(Occasion)에 맞는 복장을 갖추어 입고 출근한다. 업무 시작 15분 전까지 도착하여 사무실, 사무환경을 정비하고 업무를 시작할 수 있도록 준비한다. 밝고 활기찬 태도로 자신이 먼저 인사를 하고 주변 사람들에게 좋은 이미지를 줄 수 있도록 노력한다. 예상치 못한 상황으로 지각할 경우, 반드시 직장에 연락을 취하여 먼저 사과를 한 뒤 이유를 간단히 전하고 출근 예정시간을 보고한다. 또한 사정이 있어 결근해야 할 때는 상사에게 전화로 사과와 함께 설명하여야 하며 무단결근은 절대 금물이다. 피치 못하게 지각이나 결근을 하게 되었는데 거래처에서 걸려올 전화가 있거나 손님 내방이 예정되어 있을 경우 다른 동료에게 협조를 요청하여 사전조치를 취한다.

● 근무

하루 중 1/3을 차지하는 근무시간은 직장에는 물론 나 개인에게도 중요한 시간이다. 항상 예의 바르고 명랑 쾌활하게 행동하며 성실한 태도로 근무에 임해야 한다.

근무 중에는 사적인 전화나 잡담을 삼가며 음식물 등을 먹지 않는다. 장난을 하거나 큰소리로 웃거나 품위 없는 행동을 하지 않는다. 업무와 관련 없는 일, 인터넷 서핑, 채팅 등을 삼가고 회사 사무용품을 사적으로 사용하지 않는다. 또한 휴식시간의 구분을 명확히 해서 업무의 효율성을 높이도록 한다.

직장에서의 관계는 공과 사를 구분하고 친한 관계일수록 예의를 지킨다. 일을 할 때는 사명감을 가지고 최선을 다하며 주어진 일뿐만 아니라 스스로 일을 찾아서 한다. 자신이 한 일에 책임질 줄 아는, 조직에 꼭 필요한 인재가 되도록 해야 한다.

● 업무 종료

당일 업무는 가급적 당일에 마치도록 하고 지시받은 업무 중 당일 끝내지 못한 일이나 다시 해야 할 일 등은 상사에게 보고하고 다시 지시를 받는다. 퇴근 시 중요한 파일이나 서류 등의 보안에 유의하고, 서류나 쓰레기는 항상 정리해 놓으며 의자와 책상의 배열을 맞춘 뒤 퇴근한다. 퇴근할 때 인사는 "내일 뵙겠습니다.", 동료 직원들보다 먼저 회사를 나설 때는 "먼저 나가 보겠습니다.", "먼저 실례합니다."라고 하며, 먼저 퇴근하는 사람에게는 "안녕히 가십시오."라고 인사한다.

● 외출

근무 중 자리를 비울 경우 반드시 상사나 동료에게 말한다. 책상 위를 깨끗이 정리정돈하고 외출해야 하며 외출 목적과 행선지, 소요시간, 귀사 시간을 상사에게 보고한다. 외출 후에는 반드시 귀사하여 보고를 하고 업무를 마감한 후 퇴근한다. 부득이한 사정으로 바로 퇴근할 경우 상사에게 보고한다.

● 퇴사

사직서 제출은 되도록 1개월 정도는 여유를 두고 하고, 늦더라도 퇴사 15일 전까지는 제출한다. 마지막까지 성실히 책임감 있게 일한다. 업무 인수인계를 정확히 한다.

● 직장동료 대하기

상급자에게는 선배의 풍부한 경험과 지혜를 인정하고 배우려는 자세로 대하며, 늘 상의하고 의견을 존중한다. 상사가 부르면 즉시 대답하고 메모할 준비를 하고 간다. 상사의 얘기를 중간에 끊지 않도록 하며, 의문사항이 있으면 이야기가 끝난 후 질문한다. 결재할 서류를 올릴 때는 결재철에 넣어야 하며, 타 부서에 넘겨야 할 서류도 결재철에 넣어서 이동시키도록 한다.

동기와는 상호 간 긴밀히 협조하며 신의를 지킨다. 동료의 인격을 존중하고 프라이버시를 침해하지 않도록 한다. 가까운 사이라도 일일이 참견하지 않으며 예의를 지키도록 힘쓴다.

아랫사람을 대할 때 상사는 스스로 모범을 보여야 한다. 아랫사람을 호칭할 때에는 직책이 있으면 직책명을 부르고 직책이 없는 사람은 '~씨'라고 부른다. 연령에 따라 '하시오', '하오', '하게' 등의 어휘를 적절히 사용한다. 윗사람이라도 아랫사람을 먼저 보면 먼저 인사를 하고 아랫사람의 인격을 존중하며, 사적인 심부름을 시키지 않도록 한다. 또한 특정한 아랫사람에게 관심과 사랑이 편중되지 않도록 주의한다. 아랫사람의 실수는 분명히 밝혀 차후에 다시 발생하지 않도록 하되 위로하고 격려하고 어려울 때는 적극적으로 돕는다.

02 원활한 업무수행

멋진 직장인은 마음 자세에서부터 시작된다. "할 수 있습니다."라고 말하는 긍정적인 사람, "제가 하겠습니다."라고 말하는 능동적인 사람, "무엇이든 도와드리겠습니다."라고 말하는 적극적인 사람, "기꺼이 해드리겠습니다."라고 말하는 헌신적인 사람, "잘못된 것은 즉시 시정하겠습니다."라고 말하는 겸손한 사람, "참 좋은 말씀입니다."라고 말하는 수용적인 사람, "대단히 고맙습니다."라고 말하는 감사할 줄 아는 사람, "이렇게 하면 어떨까요?"라고 말하는 협조적인 사람, "도울 일 없습니까?"라고 물을 수 있는 여유 있는 사람, "이 순간에 내가 할 일이 무엇일까?"라고 스스로 질문하는 진취적인 사람 등이 멋진 직장인의 유형이라고 할 수 있다.[1] 그러나 아무리 이런 마음 자세로 일하고 있다고 해도 잘못된 언어 사용이나 호칭 실수 한 번으로 어려운 처지에 빠질 수 있다. 조직의 선후배나 고객을 대할 때 실수하기 쉬운 호칭이나 존대법 등을 미리 알아두고 유의할 필요가 있다.

---

1 박광옥, 《매너 있는 교양인을 위한 문화와 예절》, 21세기사, 2013

● 호칭

먼저 조직 내 호칭을 살펴보자. 상사를 부를 때는 상사의 성과 직위 다음에 존칭 '님'을 붙여 '김 부장님'이라 한다. 성명을 모르면 직위에만 존칭 '님'을 붙여 '부장님'이라고 한다. 직함이 없을 때는 성을 붙여 '김 선생님', '박 선배님'이라고 한다. 상사에게 자기를 지칭할 경우 '저, 제가' 또는 성과 직위, 직명을 사용하여 "제가 김 과장입니다.", "저는 인사과장입니다." 라고 말한다.

하급자, 동료에 대한 호칭은 존칭 없이 성, 직위, 직책명을 사용하여 '김 부장', '인사부장'이라 한다. 친한 사이라도 여직원끼리 '언니'나 남직원끼리 '형'과 같은 호칭은 삼간다. 초면이거나 선임자, 후임자 사이인 경우에는 '님'을 붙여 '김 길자 님'이라 호칭하는 것이 상례이다.

실수하기 쉬운 사항 중 하나는 상사에 대한 존칭은 호칭에만 쓴다는 것이다. 예를 들어 사장님실이 아니라 사장실이다. 또한 문서상에서는 상사의 존칭을 생략한다. '팀장님 지시'가 아니라 '팀장 지시'와 같은 식이다.

● 회의 참여

회의에 앞서 회의의 목적, 의제, 소요시간과 장소 그리고 참석자 범위 등을 명확히 할 필요가 있다. 정례적인 회의는 참석자가 정해져 있지만 임시 회의는 목적을 정하는 단계부터 주의하지 않으면 안 된다. 회의 예정표를 만들어 참석자에게 일시, 회의 장소, 소요시간을 알리고, 정보 발표, 의견 제안 등 회의 내용과 참석자들이 해야 할 일을 안내한다. 이때 참석자 명단을 첨부하는 것이 좋다. 진행자는 회의명, 날짜, 장소, 참석자명, 사회자명, 의제 토론된 사항, 결정사

항 등을 기록한 회의록을 남겨야 한다.

● 지시받을 때

상사나 선배로부터 지시를 받을 때는 항상 메모할 준비를 하고 밝은 목소리로 대답한다. 지시받은 내용을 재확인하여 제대로 이해했는지 확인해야 하며 내용에 의문이 있으면 상사의 말이 끝난 후 질문하여 확인한다. 지시받은 업무를 처리하기 곤란하거나 기한 내에 끝내지 못할 경우, 미리 상사에게 보고하고 상의하도록 한다.

● 보고할 때

지시받은 업무에 관한 보고는 지시한 상사에게 직접 한다. 업무 도중에도 중간보고를 하여 상사가 진행 상황을 궁금해 하지 않도록 한다. 사정이 있어 업무가 지체될 때는 상사에게 보고하여 양해를 구한다. 업무처리 과정에 실수가 있을 경우 미리 솔직하게 보고하고 대책을 상의한다.

03 감동을 주는 고객 응대

시대와 환경의 변화에 따라 고객들의 욕구는 점점 다양해지고 있다. 욕구가 수용되지 않으면 고객은 다시 찾지 않고 기업은 생존에 위협을 받게 된다. 요즘 우리 사회에서 아무리 강조해도 지나치지 않은 것이 고객감동 서비스다. 고객서비스는 고객에게 친절하게 대하여 고객을 만족시킴으로써 이윤 창출을 촉진하는 과정이다. 고객의 요구를 파악하고 그에 맞는 응대를 하는 자세를 가져야 한다.

● 내방고객 응대

항상 아름다운 미소를 짓고, 정중하고 친절하며 예의바르게 행동하는 것이 고객 응대의 기본이다. 내방고객을 안내할 때는 먼저 선약 유무를 확인하고, 1m 정도 앞에서 방향제시를 하며 고객의 속도에 맞추어 미리 준비된 장소로 안내한다. 고객이 자리에 앉으면 기호에 맞는 차를 여쭈어 다과를 서비스한다. 차는 방문객 측에게 먼저 상급자부터 순서대로 드리고 그 다음 자기 회사 쪽에 직위 순으로 내놓는다. 내방고객이 돌아갈 때는 "찾아주셔서 감사합니다." 등의 인사로 방문에 대한 감사의 마음을 전한다. 배웅 시 엘리베이터나 현관까지 배웅하는 것이 보통이며 상황에 맞게 한다.

● 불만고객 응대

고객의 불만 발생 원인은 크게 회사 문제, 고객 자신의 문제, 직원 문제로 나누어 볼 수 있다. 그 중에서도 직원의 고객 응대 과정에서 비롯되는 불만이 가장 큰 비중을 차지한다고 한다. 직원의 불친절한 응대, 규정만 내세우는 안내, 업무처리 미숙, 타 부서로의 책임회피 등이 주원인이다.

직원의 응대에 대한 불만 사례는 여러 서비스업에서 공통적인 양상을 보인다. 앞서 말했듯 고객이 찾아와도 관심이 없거나 적극적으로 응대하지 않는 무관심 상황, 고객의 요구나 문제를 피함으로써 고객의 기분을 상하게 하는 고객 무시 상황, 융통성 없이 조직 내부 규정을 앞세우며 고객의 요청을 거절해 고객 입장에서는 직원이 핑계를 댄다고 생각하게 되는 상황, 서로가 담당이 아니라고 여기저기 고객을 돌리는 책임회피 상황 등이 대표적인 사례들이다.

불만고객은 이미 화가 난 상태이므로 단계별[2]로 세심한 대응이 필요하다. 1단계는 사과다. 즉각적인 사과로 고객의 마음을 진정시켜야 한다. 2단계는 경청이다. 고객의 불만 사유에 공감을 드러내며 충분히 들어주는 것이 중요하다. 3단계에서는 고객 불만의 핵심적인 원인을 분석하여 파악한다. 4단계에서는 이를 바탕으로 고객 입장에서 최적의 해결책을 찾아낸다. 5단계는 대안 제시

---

[2] 오정주·권인아,《비즈니스 매너와 글로벌 에티켓》, 한울, 2013.

다. 고객이 만족할만한 해결안을 정중하게 제시해야 한다. 6단계는 이렇게 합의된 대안을 즉시 실행에 옮겨 고객의 요구를 만족시키는 것이다. 마지막으로 불만사항을 전달해준 고객에 대한 감사의 마음을 표현하는 것이 7단계다.

04 커뮤니케이션 매너

우리는 인간관계 속에서 살아간다. 커뮤니케이션(communication)은 인간관계를 이어주는 가교 역할을 한다. 관계가 성립되는 곳에 의사소통이 있으며 의사소통 없이는 삶을 영위하기 어렵다. 대표적인 예로 조직 내 업무 성과는 상사와 조직원 간 인간관계와 커뮤니케이션에 의해 크게 좌우된다. 조직 내 소통에 문제가 있을 때는 그 부작용이 업무에 부정적인 영향으로 나타난다. 따라서 효과적인 커뮤니케이션은 조직 내 성과를 높이는 가장 기본적인 요소이다.

● 커뮤니케이션의 기본 원리

커뮤니케이션이란 말하는 사람(話者)의 본래 의도에 가장 근접한 의미가 듣는 사람(聽者)에게 전달되도록 하는 과정이며, 자신의 지식이나 관심, 태도, 의견, 생각을 다른 사람과 공유하는 과정이다. 일반적으로 직장인들은 자기 시간의 70% 정도를 커뮤니케이션 활동에 쏟는다고 한다. 관리자인 경우 그 이상의 시간을 커뮤니케이션에 집중한다. 커뮤니케이션을 통해 다양한 정보들이 공유되고 조직의 각 활동들이 조정된 결과 올바른 방향의 의사결정

(decision making)이 내려질 수 있는 것이다.

커뮤니케이션은 자신의 의도나 느낌을 타인에게 전달하는 '송신자', 말·글·몸짓·신호 등의 형태로 정보를 전달하는 '내용 전달', 이 내용을 받아들이는 '수신자', 받은 정보에 대한 수신자의 반응이나 평가인 '피드백'의 네 가지 요소로 구성된다. 내용 전달과 피드백이 원활하여 송신자와 수신자 사이에 오해나 나쁜 감정 없이 의도가 잘 전달되는 것이 좋은 커뮤니케이션이다. 이를 위해서는 송신자에게나 수신자에게나 말하는 기술과 듣는 기술이 필요하다.

● 경청의 기술

커뮤니케이션의 기본은 경청(傾聽)이다. 귀 기울여서 들음을 뜻한다. 내가 이야기를 잘 듣고 있음을 나타내려면 정성을 담아 온몸으로 경청해야 한다. 이야기를 들을 때는 말하는 상대의 눈을 정면으로 보고, 시선을 자주 마주치면서 몸은 정면을 향해 조금 앞으로 내밀 듯이 앉는다. 고개를 끄덕이며 맞장구를 치는 등 수긍을 표시하여 상대의 마음을 편안하게 해 준다. 손은 메모를 하거나 가지런히 하고, 모르는 것이 있으면 질문하고 중요한 정보는 복창하여 확인한다. 또한 열린 마음과 이해하고 공감하려는 자세가 있어야 진정한 경청이라 할 수 있다.

● 효과적인 화법

말하는 쪽은 듣는 쪽보다 더욱 요령과 조심이 필요하다. 상대의 기분이 상하지 않게 내 뜻을 잘 전달해주는 화법을 살펴보자.

청유화법은 명령이 아니라 부탁하는 형태의 대화법이다. 같은 요청이라도 청유화법으로 전달하면 상대방은 반감이 사라지고 자신을 존중해준다는 느낌을 받는다. "~해주세요.", "~하세요."를 "괜찮으시다면 ~해주시겠습니까?", "~해주시면 감사하겠습니다."라고 표현하는 식이다.

칭찬화법은 상대방의 긍정적인 측면을 보고 진심으로 칭찬하는 것이다. 칭찬을 할 때는 즉시, 구체적으로, 결과보다 과정에 중점을 두어 칭찬하는 것이 효과적이다. 상대가 좋은 성과를 올렸을 때, "정말 열심히 노력하셨는데 이러저러한 측면에서 경쟁력이 있는 결과물이 나왔네요. 진심으로 축하드립니다."라고 덕담을 건넨다면 상대의 즐거움은 배가 될 것이다.

긍정화법은 부정적인 내용이라고 하더라도 "할 수 없습니다.", "안 됩니다."와 같이 직설적으로 표현하기보다는 최대한 긍정적인 느낌이 들도록 말하는 화법이다. 거절을 할 때에도 상대방을 불쾌하게 하지 않도록 "안 됩니다."보다는 "도와드리고 싶지만, 좀 어렵습니다."라고 표현하는 것이 좋다.

쿠션화법은 단답형으로 용건만 전달하는 대신 '실례합니다만', '미안합니다만', '어려우시겠지만' 등 완충작용을 하는 쿠션의 말을 사용하여 대화를 부드럽게 하는 화법을 말한다. "죄송합니다만, 잠시만 기다려주시겠습니까?"같은 것이 대표적인 예이다.

'나' 전달 화법('I' 메시지)은 문제가 있을 때 상대를 탓하지 않으면서 '나'를 주어로 하여 자신의 생각, 느낌과 문제의 행동으로 영향 받은 것 등 본인이 원하는 바를 표현하는 것이다. 약속시간에 도착하지 않는 사람에게 "시간에 늦으셨잖아요."라고 할 것이 아니라 "약속시간보다 많이 늦어지셔서 무슨 일이 생겼는지 걱정했어요."라고 표현하는 것이 좋다.

2

업무를 완성하는
대외 비즈니스

대외 업무 시에는 상황에 맞는 예의범절의 중요성이 더욱 커진다. 올바른 매너 지식을 갖추고 그것을 어떻게 실행하느냐에 따라 비즈니스의 성패 여부도 달라질 수 있다. 좋은 비즈니스 매너는 개인이나 조직의 이미지 향상에 기여해 경쟁력을 높이고 새로운 가치를 창출한다. 반대로 매너를 갖추지 못한 경우에는 기업과 개인의 대외적인 이미지가 손상될 우려가 있다. 상황에 맞는 세련된 비즈니스 매너와 에티켓을 실천하여 긍정적인 신뢰관계 형성의 초석을 쌓도록 하자.

01 비즈니스의 시작, 만남

● 소개

일반적으로 사회적인 인간관계는 만남에서 시작된다. 처음 인사를 나누는 자리에서 그 사람의 첫인상이 결정된다. 소개는 이러한 사교의 시작으로서 사

람과 사람이 만날 때 적절한 형식과 매너를 갖추어 서로를 알리는 행위다. 자신을 당당하고 정중하게 소개할 줄 알아야 하며 다른 사람을 소개할 때와 소개받을 때도 상황과 관계에 맞는 매너가 필요하다.

자신을 직접 소개할 경우 경칭을 사용하지 않는다. 소개할 때는 밝고 명랑한 표정과 목소리로 한다. "잘 부탁드립니다.", "만나 뵙게 되어 영광입니다." 등의 인사말을 하는 것이 좋다. 소개를 받을 때는 밝은 표정으로 반가움을 표현하며 소개하는 사람이 불편하지 않게 배려한다.

서로 모르는 사이의 두 사람을 소개해줄 때에는 지위가 낮은 사람을 높은 사람에게 먼저 소개하는 것이 예의이다. 하급자를 상급자에게, 연소자를 연장자에게, 후배를 선배에게 먼저 소개한다. 이때 비즈니스 상의 직급이 우선이다. 하급자가 상급자보다 나이가 많아도 하급자를 먼저 소개해야 한다. 소수 집단과 다수 집단이 있을 때는 소수를 먼저, 직장동료와 외부 손님이 있을 때는 직장동료를 먼저 소개하며 가족이나 친구와 같이 나와 친한 사람을 먼저 소개한다.

● 명함 주고받기

명함은 대인관계 시 지참해야 하는 필수품이다. 명함을 건넬 때는 간단한 인사말과 함께 건네는 것이 좋다. 오른손으로 끝부분을 잡고 상대에게 내용이 똑바로 보이는 방향으로 건넨다. 왼손은 오른손을 살짝 받치는 느낌으로 예의를 표한다. 명함은 아랫사람이나 방문자가 먼저 건넨다.

회사나 기관에서 여럿이 인사하는 경우 책임자에게만 전달한다. 모두에게 전달해야 할 때는 직위 순으로 건넨다. 사람을 만나러 갈 때는 항상 명함을 준비하되 만나는 사람 수보다 여유 있게 준비한다. 명함은 명함지갑에 넣어 남성은 양복의 안주머니, 여성은 핸드백에 보관한다. 명함을 동시에 주고받을 때는 오른손으로 건네고 왼손으로 받는다. 오른손으로 받쳐서 읽는다.

명함을 받을 때는 일어서서 정중하게 두 손으로 받되 손바닥 전체로 받는다. 상대의 명함을 받고서 자신의 명함을 건네지 않는 것은 실례이므로 늘 곁

에 명함을 준비해 두어야 한다. 명함이 없는 경우 상대에게 양해를 구하고 깨끗한 종이에 이름과 연락처, 회사 명 등을 적어 전달한다. 명함은 상대방의 얼굴이므로 구기거나 낙서를 하면 안된다. 상대 앞에서 명함에 메모를 하는 것 또한 실례이다.

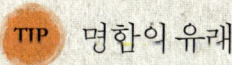

TIP 명함의 유래

최초의 명함은 루이 14세 때 생겼다고 전해진다. 루이 15세 때부터 현재와 같은 동판 인쇄의 명함을 사교에 사용했다고 한다. 또 중국에서는 예부터 부재중에 친구 집을 찾아갔을 시에는 자기 이름을 쓴 것을 놓고 오는 관습이 있었다. 16세기경 독일에서도 중국과 비슷한 용도로 이름을 적은 쪽지를 사용했다. 일본에서는 1854년 에도막부의 관리가 방일한 미국 사절단에게 자신의 지위와 이름을 적어 건네주었다. 우리나라 최초의 명함 사용자는 한국인 최초의 유학생인 유길준이다. 이렇듯 동서(東西)에서 오랜 역사를 갖고 있는 명함은 사교 및 사회생활에 있어 자신을 대신해주는 역할을 해왔다.

● 초대와 방문

사회생활을 하다보면 남을 초대하기도 하고 방문도 하면서 서로 관계를 돈독히 하곤 한다. 방문과 초대는 상호 교제를 깊게 하고 상대방에게 친밀감을 느낄 수 있는 자연스러운 계기가 될 수 있다.

초대하는 사람은 초대의 목적을 분명하게 해야 한다. 초대 장소의 위치와 약도, 교통편, 주차시설 등을 자세히 안내해야 하며 손님을 따뜻하게 맞이하고 예의를 갖추어 정중히 모신다.

방문하는 사람 또한 업무의 성격으로 타 회사를 방문할 경우 목적과 용건을 분명히 한다. 자기가 회사를 대표하는 사람이라는 생각으로 매너를 잘 지킨다. 약속시간보다 여유 있게 도착하여 용모와 복장을 점검하며, 명함은 미리 준비한다.

사무실은 업무 공간이므로 오래 머무르지 않는다. 업무 협조 내용은 반드시 메모한다. 미팅의 결과와 상관없이 시간을 내어준 것에 대한 감사 인사를 한다.

02 합리적인 경조사 매너

사회생활을 하다보면 통과의례를 비롯한 다양한 경조사에 참석하게 되는데, 경조사는 특별한 행사인 만큼 격식을 갖추어 예의 바르게 행동해야 한다. 슬픈 일과 기쁜 일을 구분할 수 있어야 하며, 상황에 맞는 언행을 하도록 주의하고 마음을 바르게 전달할 수 있는 선물이나 답례 방법도 익혀야 한다.

● 혼인식 참석
혼인식에 참석할 때는 단정한 정장 차림과 같이 품위 있는 의상을 차려입는 것이 기본 에티켓이다. 스포츠나 레저용 복장, 슬리퍼 등은 피한다. 혼인식 시작보다 조금 일찍 도착하여 여유 있게 예식을 기다리는 것이 매너이다. 혼인식에 참석하는 주된 의미는 축하이므로 예식을 보지 않고 바로 식사하는 것은 예의가 아니다. 여성의 경우 화사하고 밝은 색상의 옷을 입고, 남성은 화려한 타이를 매는 것이 분위기를 더 살릴 수 있다.

축의금은 친분과 형편에 맞게 금액을 정한다. 봉투는 흰색 겹 봉투를 사용한다. 봉투의 앞면에는 축하의 문구, 뒷면에는 이름을 적는다. 가능한 한 식전에 도착해 혼주에게 축하인사를 한 후 방명록에 이름을 기재하고 축의금을 전한다.

● 문병

병문안은 방문할 시기를 잘 선택하는 것이 중요하다. 입원 직후 고통이 심할 때는 피하는 것이 좋다. 가능한 한 짧게, 병원에서 정한 면회시간을 준수하여 문안한다. 환자가 자고 있을 수 있는 이른 시간이나 너무 늦은 시간, 환자 식사 시간, 의사의 진료, 회진 시간은 피한다. 진료나 회진 시간에 방문했을 때는 복도나 밖에서 기다린다.

환자의 상태와 관계없이 아이는 동행하지 않는다. 화려한 복장이나 향이 짙은 향수는 피한다. 문병 시 꽃 선물은 지양하며, 환자에게 필요한 물건이나 음식을 준비하는 것이 좋다.

● 꽃과 선물

꽃과 선물은 상대에게 감사의 마음이나 축하의 마음을 전하고자 할 때 정성을 표시하는 역할을 한다. 특별한 행사를 축하하는 의미 외에도 사랑과 감사,

사과 등 여러 의미를 나타낸다. 적절한 선물은 관계를 형성하고 유대를 돈독히 하는 데 중요한 역할을 한다. 선물을 할 때의 주의사항과 받을 때의 매너를 알아두는 것은 원만한 대인관계를 유지해 나가는 데 꼭 필요한 지혜라 할 수 있다. 특히 외국인에게 선물을 해야 할 경우 그 나라 문화와 관습을 잘 이해하고 전달해야 한다. 꽃을 보낼 때는 받는 사람이 평소에 선호하는 꽃을 선택하는 것이 좋고, 취향을 모르면 꽃의 색깔과 꽃말 등을 생각하여 선물하는 의미에 적합한 것을 고른다.

선물을 할 때는 받는 사람의 환경, 취향, 실용적 가치, 친분관계 등을 참고하여 선물할 것을 선택해야 한다. 의미 있는 행사나 기념일을 위한 선물은 시기를 맞추지 못하면 의미가 감소하므로 미리 준비하여 적절한 시기에 정확하게 전달하도록 한다. 선물은 방문하자마자 간단한 인사와 함께 바로 건네는 것이 좋다. 선물을 직접 전하지 못할 때는 편지나 명함 등을 함께 넣어 보낸다. 너무 고가이거나 종교적인 물건은 부담스러울 수 있으므로 조심한다.

선물을 받았을 때는 그 자리에서 즉시 풀어보고 기쁨과 감사의 표현을 한다. 포장지를 함부로 뜯으면 정성스럽게 포장한 사람의 마음을 상하게 할 수 있으므로 조심스럽게 풀어보는 것이 매너이다. 우편으로 선물을 받았을 경우에는 선물한 사람이 궁금해 하지 않도록 바로 잘 받았다는 전화나 메일 등을 보낸다. 당연히 받아야 할 것처럼 받아서는 안 되며, 감사하는 마음과 태도로 받는 것이 예의이다. 선물에 대한 답례를 하고자 할 때에는 바로 하는 것보다 1개월 이내 적절한 시기에 하는 것이 좋다.

3

차별화된 비즈니스맨이 되기 위한
마스터플랜

직업은 삶에서 매우 중요한 부분을 차지한다. 심각한 취업난에 대응하여 성공적인 취업을 하기 위해서는 적극적인 직무분석과 취업전략이 필요하다. 각 단계에 맞는 직업 준비활동을 살펴보고 스스로 분석하는 과정을 통해 효율적인 취업전략을 세워보자.

01 취업 준비

● 직무이해

취업 준비에서 가장 우선되어야 할 것은 지원하고자 하는 분야의 직무를 폭넓게 이해하는 것이다. 단순히 기본적인 학업 성적과 스펙만 가지고 무작정 지원할 것이 아니라 자신이 지원하고자 하는 직무가 어떤 일을 수행하는지 사전에 충분히 분석하여 이해도를 높여야 한다.

또한 같은 분야라 하더라도 업종, 규모, 조직의 특성, 시장의 요구상황에 따라 일의 성격과 직무수행환경이 달라지므로 이에 대한 이해와 개별적이고 치밀한 분석이 필요하다. 또한 현대 조직에서는 한 사람이 다양한 직무를 이해하고 수행해야 하는 경우가 많으므로, 이를 미리 이해할 필요가 있다. 이러한 사전 분석과 숙지는 내게 맞는 직장을 찾아 지원하는 것뿐 아니라 취업 후 조직에 적응하고 업무를 수행하는 데도 큰 도움이 된다.

● 자기분석

자신에게 가장 적합한 직업과 직장을 가지려면 자기분석이 전제되어야 한다. 자신을 객관적으로 분석하여 자신의 적성, 흥미를 찾아내는 것이 중요하다. 자신을 객관화하는 것은 쉽지 않은 일이지만 필수적이다. 이 과정 없이 취업을 준비할 경우 애써 얻은 직장에 적응하지 못할 수도 있다. 공부한 전공은 무엇인지, 어떤 실무 경험을 했는지, 동아리나 봉사활동에서 무엇을 했는지, 아르바이트는 무엇을 했는지, 자격증은 무엇을 획득했고 어떤 노력을 하고 있는지, 직업에 대한 가치관은 무엇인지 등에 대하여 내용을 정리하면 일관된 자신의 모습, 내게 있어 흥미가 솟는 일과 내가 잘하는 일이 무엇인지 발견할 수 있다.

02 서류 준비

● 이력서 작성법

이력서란 자신의 과거를 정리하여 입사하고자 하는 기업에 자신이 적합한 인재임을 알리는 서류이다. 몇 장의 서류 안에서 내 모든 역량을 충분히 표현해야 하므로 명확한 목표와 일관성을 갖고 준비하여 자신에 대한 확신과 신뢰감을 보여주어야 한다. 지원하는 기업에 대한 정보와 원하는 인재상을 정확하게 숙지한 후 그에 맞게 작성해야 하며, 내용은 지망하는 직무에 필요한 능력과 역량 위주로 구성하되 기본에 충실하도록 한다. 문장은 간단명료하게 하여 읽는 사람이 쉽고 편하게 파악할 수 있도록 배려하고 오타 등을 꼼꼼히 확인해야 한다. 지원한 파일은 반드시 보관해둔다.

이력서에 부착하는 사진은 최근 3개월 이내에 촬영한 것으로 준비하고 의상은 기본적으로 정장 차림으로 한다. 과하게 수정한 사진은 피하는 것이 좋다.

응시 부분은 기업에서 가장 중요하게 생각하는 부분이므로 정확하게 기입해야 한다. 지원자 이름과 연락처 등 지원자의 인적 사항을 세밀하게 기록하고, 신입사원인 경우 희망 연봉란을 빈칸으로 두기보다 사전 정보조사를 통해 비슷한 수준으로 제시하거나 '○○○만 원 +, -' 등으로 기록한다. '회사 내규에 따름’ 등으로 적는 것도 무난하다.

학력은 고등학교부터 기록하되 최근 학력부터 쓰도록 한다. 학력란에서 중점적으로 보는 부분은 전공, 학교, 학점 등이다. 경력은 신입사원인 경우 직장경험이 없으므로 빈칸으로 두거나 아르바이트 경험 등을 적는데, 아르바이트나 경력사항은 지원하고자 하는 분야와 연관 있는 내용에 한해 기입하는 것이 좋다.

각종 면허나 자격증 취득사항을 연도순으로 기입하고 반드시 취득일과 발령기관을 명시해야 한다. 자격증은 증빙서류를 원하는 기업도 있으므로 잘 기록한다.

모든 내용을 기재 후 “위 내용은 사실과 다름이 없습니다.”라고 기입한 후 하단에 작성 년, 월, 일과 본인 성명을 쓰고 서명을 하거나 도장을 찍는다. 온라인 입사 서류인 경우 대부분 서명을 생략한다.

● 자기소개서

자기소개서는 기업체의 인사담당자가 이력서로 파악하기 어려운 부분을 알기 위한 목적으로 사용한다. 향후 면접 시에 자기소개서를 바탕으로 지원자에 대한 자료와 질문이 만들어지므로 면접관의 관심과 궁금증을 유발하도록 작성한다.

성장과정은 가족사, 인생의 전환점, 새로운 학문분야 선택 등 구체적인 경험을 바탕으로 작성한다. 자신을 부각시키면서 공감을 불러일으킬 수 있는 내용이 바람직하다.

성격의 장단점은 지원한 직무와 관련되는 점을 부각하여 기재하고 단점을 언급할 때는 솔직하고 간단하게 기록하되 노력하여 개선하고 있음을 표현한다.

경력사항과 학교생활 란에는 지원 분야와 관련된 학교생활, 전공과 부전공, 동아리활동 등을 기록한다.

지원 동기는 지원사와 지원 분야에 대한 다각적인 분석을 기반으로 하되 글의 핵심이 눈에 띄도록 간결하고 짜임새 있게 구성한다. 자신의 전공과 능력을 지원동기와 연결하여 회사 발전에 어떻게 도움이 될 것인지를 구체적으로 기술한다.

입사 후 포부는 지원하는 기업의 업종, 특성을 고려해 자신의 포부 및 비전을 드러낸다.

가장 유의해야 할 사항은 지원사의 특성에 맞게 작성해야 한다는 것과 계속 수정 보완하여 완성도를 높여 나가야 한다는 것이다. 해당 분야 경력이나 실적 및 경험을 최근 중심으로 작성하고 내용이 중복되지 않도록 해야 한다. 마지막으로 문법에 맞게 오탈자가 없도록 주의한다.

03 실전면접 스킬

● 면접 요령

면접은 취업의 당락에 결정적인 영향을 미치는 마지막 관문이다. 서류전형을 통해 지원자의 기초실력은 확인했지만 지원자의 능력과 성향을 보다 정확히 평가하고 회사에 적합한 인재를 채용하기 위해 지원자와 면접관의 면대면

질의응답을 치르는 것이다. 기업은 점점 더 면접을 중요시하고 있고, 면접 내용도 해가 거듭될수록 까다롭고 어려워지고 있다. 면접에 응하는 지원자는 자신을 있는 그대로 충실하게 보여주되 처음 만나는 면접관에게 호감 가는 첫인상을 강력하게 심어주고 신뢰감을 줄 수 있어야 한다.

취업의 최종 관문인 면접은 대기실에서부터 시작된다. 이때 면접자는 조용하게 자기 차례를 기다리며 준비한 서류를 살펴보고 예상 질문에 대한 답변을 머릿속으로 최종 정리한다. 면접실에 입실할 때는 문을 두 번 정도 노크한 뒤들어간다. 문에서 가벼운 목례를 하고 자신감 있게 걸어가서 정면에 앉은 면접관에게 허리를 굽혀 정중하게 인사한다. 그리고 "안녕하십니까? 수험번호 ○○○○번 ○○○입니다."라고 말한다. 면접관이 앉으라고 말하기 전까지는 서 있으며, 앉으라고 하면 "감사합니다." 라고 밝은 표정으로 이야기 한 뒤 단정하게 앉는다.

면접관이 질문을 하면 면접장 크기에 맞게 소리와 속도를 조절하여 자신감 있는 태도로 정확하게 말한다. 준비한 예상 질문이 나왔다 하더라도 면접관 말을 자르고 급하게 대답하는 것은 금물이다. 적어도 2~3초 생각하는 모습을 보이면서 신중하게 답변한다. 답변은 간단명료하게 하고, 부족한 부분은 솔직하게 표현한다.

면접이 끝나면 자리에서 일어나 "감사합니다."라고 정중하게 인사를 한다. 자리에서 입구 쪽으로 바르게 걸어 나와 문 앞에서 다시 가벼운 목례를 하고 문을 열고 나온다.

개인면접 순서

면접이 끝나면
입장 시와 반대 동선으로
퇴장한다.

● 복장과 이미지메이킹

남성의 경우 면접 시 헤어스타일은 깔끔하고 단정한 느낌을 주는 약간 짧고 자연스러운 것이 좋다. 젤이나 왁스로 단정하게 한다. 복장은 감청, 회색 계열의 정장으로 깔끔한 이미지의 색상을 선택하고 소재는 무광택이 적합하다. 셔츠는 흰색, 아이보리, 연하늘색 등 밝은 컬러로 하고 넥타이 무늬는 스트라이프, 솔리드, 도트가 적당하다. 구두는 슈트 색과 어울리는 색상에 발등을 덮는 스타일의 정장용 구두가 적합하고, 양말은 정장 바지와 동일한 색이나 바지 톤보다 진한 색을 신는다.

여성은 지적이면서 깔끔한 이미지의 헤어스타일, 커리어우먼 이미지를 보여줄 수 있는 패션이 좋다. 특히 바지 정장, 투피스 정장은 신뢰감을 준다. 구두는 심플한 스타일이 적당하며 액세서리는 한두 가지로 포인트를 주고, 피부색과 메이크업은 자연스럽고 밝은 느낌을 주도록 한다.

올바른 면접 복장의 예

관례, 혼인례, 제례가 기쁨이나 그리움을 함께하는 축제라면,
상례는 슬픔을 나누고 돌아가신 고인을 위해
최대한의 예의를 표하는 의례이다.

4장
인생의 가장 특별한 날,
관혼상제

김세리

어른입문,
성년례

01 어른입문, 성년례

　어른이 된다는 것은 이제껏 보호자의 따뜻한 보살핌을 받으며 살아온 미성년의 위치에서 벗어나는 동시에 스스로 자신을 책임지는 어엿한 사회구성원이 된다는 뜻이다. 더 나아가서는 상식적 인간으로서 세상에 일조할 수 있고 미성년자들을 이끌어갈 수 있는 바탕이 되어야 어른이 되었다고 할 수 있겠다. 이렇듯 어른이 된다는 것은 몸가짐, 마음가짐에 있어 대대적인 변화이다. 물론 사람마다 정신적 성숙도는 차이가 있고, 사회에 따라 성인으로 인정하는 연령도 다르다. 하지만 일반적으로는 정해진 연령이 되면 국가가 정한 날에 어른으로 입문하는 의례, 즉 성년식을 치르면서 '어른'의 길에 들어서게 된다.

● 과거의 성년례
　과거에는 남자는 관례(冠禮), 여자는 계례(笄禮)라 하여 길게 땋아 내렸던 머리를 올려 남자는 상투를 틀고 여자는 쪽을 지어 비녀를 꽂아 격식을 갖추었다. 지금이야 헤어스타일이 자유로워 이러한 의례가 필요 없게 되었지만, 예전에는 머리 모양을 바꾸어 겉모습을 다르게 함과 더불어 내면적, 사회적 책임을 갖는 중요한 의미를 가진 행사였다.

전통 성년예식의 형태가 문헌상에 나타난 것은 고려 광종 16년(965) 세자 유(伷)에게 원복(元服)을 입혔던 것이 시초라 할 수 있다. 조선시대에 이르러서는 중류 이상 가정에서 보편화되었다. 조선시대의 예법서《소학(小學)》과《사례편람(四禮便覽)》에서는 '관례를 올림은 성인(成人)의 도리이니 성인이란 것은 장차 아들이 되며, 동생이 되며, 신하가 되며, 젊은이가 된 자의 행실을 책임 지우려는 것이다. 장차 네 가지의 행실을 사람에게 책임을 지우려 하는 예식이다.'라 하고 있다.

● 오늘날의 성년례

보통 성년례는 개인적인 통과의례이나 현대에 와서는 성년의 날에 직장과 기관에서 간단한 축하행사를 갖기도 한다. 한때 성년의 날 선물로 장미꽃, 향수 등을 선사하는 유행이 있었지만, 최근에는 각자 필요한 것을 선물 받거나 생략하고 지나가는 경우가 대부분이다.

전통 방식의 성년례는 개별적으로 행하는 개별 성년례와 성균관, 향교, 문화원 등에서 진행되는 합동 성년례가 있다. 일부 대학이나 단체에서는 매년 5월 세 번째 월요일에 만 19세에 이르는 남녀(민법상 성년 기준이 2013년 7월부터 만 19세로 조정)를 대상으로 합동 성년례를 실시하고 있다.

　집안에서 치르는 개별 성년례는 부모가 주관한다. 성년자에게는 성년으로서 책임과 의무를 다하도록 하고, 부모님과 친지는 성년자가 집안의 한 구성원으로서 성인됨을 축하하며 그에 상응한 예우로 대하여야 한다. 주례자(큰손님)는 특별한 제한은 없으나 집안어른이나 친지 중 덕망 있고 존경받을 만한 분이나 성년자의 은사, 성직자 등을 모셔도 무방하다. 성년자가 가장 존경하는 분을 모시는 것이 의례로서 가장 의미가 있다. 중요한 집안 어른들을 초청하여 성인이 되었음을 알리고 인정받는 자리가 되도록 하고, 성년자의 지인과 친구들을 초대하여 함께 축복할 수 있도록 한다. 성년례 중에 주례자가 성년자에게 술이나 차(茶)를 내려주는 의식을 더하면 의식이 더욱 경건해질 뿐 아니라 어른으로부터 예를 배울 수 있어 의미가 있다.

　성년례를 준비할 때는 주례자, 친지 및 친구를 초청하고 상차림과 참석자의 자리 배치가 적절하도록 신경을 쓴다. 행사를 마친 후 참석한 손님들과 나누어 먹으며 즐길 수 있도록 음식을 준비한다.

일반적인 성년례의 진행과정은 다음과 같다. 부모의 안내에 따라 주례자와 손님들이 자리하면 성년자가 의복을 갖추어 입고 나와 큰손님과 부모님께 절을 두 번 올린다. 주례자는 성년선서와 성년선언을 낭독한다. 성년자는 주례자로부터 술과 안주 또는 찻잔에 차를 받아 정중히 마시며 어른으로서의 주다례(酒茶禮)의 기본을 배우며, 좋은 말씀을 들어 마음에 새긴다. 다음으로 부모님의 당부 말씀을 듣고 성년이 됨을 축하받는다. 정성이 담긴 선물을 감사히 받고, 의례가 끝나면 성년자는 주례자와 부모님, 그리고 손님들께 감사의 절을 올린다. 오신 손님들을 위해 노래나 즐거움을 선사하는 것도 분위기를 좋게 만들어 준다.

• 성년선서

저는 이제 성년이 됨에 있어서 오늘을 있게 하신 조상님과 부모님의 은혜에 감사하고 자손의 도리를 다할 것과 국가와 사회의 주인으로서 정당한 권리에 참여하고 신성한 의무에 충실하여 성년으로서의 본분을 다 할 것을 엄숙히 선서합니다.

년 월 일

성년자 ○○○

• 성년선언

성년자 ○○○

생년월일 년 월 일

그대는 이제 성년이 됨에 있어서 자손으로서 도리를 다하고 국가와 사회의 주인으로서 정당한 권리와 신성한 의무에 충실할 것을 다짐하고 서명하였으므로 성년이 되었음을 엄숙하게 선언합니다.

년 월 일

주례 ○○○ (서명 또는 인)

---

1 전가정의례 정착 및 지원에 관한 법령집(대통령령 제21083호 전면개정 2008. 10. 14)에서.

2

새 가족 탄생 페스티벌
혼인례

남녀가 시집, 장가가는 날이 혼인날이다. 부부가 되는 의식인 혼인례는 장가 든다는 뜻의 '혼(婚)'과 시집간다는 뜻의 '인(姻)'이 합해져 혼인(婚姻)이라 불렀 다. 요즘에는 혼인이라는 말 대신 결혼이라는 말을 주로 쓰는데 가부장적인 의 미가 포함되어 있어 원뜻을 아는 사람들은 거슬려하기도 하지만, 일반적으로 많이 사용하다보니 언어가 고착된 사례이다. 이왕이면 '혼인'이라는 우리 전통 용어를 사용하여 지키는 것이 의미가 있다고 하겠다.

01 혼인례 절차

시대나 지역, 집안 풍습에 따라 혼인례 절차도 다양하게 변화되어 왔지만, 현 대 혼인례 과정은 특별한 경우를 제외하고 거의 비슷한 모습으로 진행되고 있 다. 대략적으로 ①혼담 ②맞선 ③교제 ④약혼 ⑤혼수 준비 ⑥예식 준비 ⑦예식 ⑧신혼여행 ⑨혼인신고의 순서이다. 물론 연애를 통해 혼인하거나 약혼을 생략하는 등 변화가 있을 수 있다.

● 혼담과 맞선

혼인을 염두에 두고 이성을 만나고 있다면 집안 어른들에게 먼저 배필을 소개한다. 사귀는 이성이 없다면 지인이나 중매자를 통해 소개를 받기도 하는데 이것이 맞선이다. 만남을 지속하면서 좋은 감정과 서로에 대한 책임을 느끼게 된다면 혼인을 생각하게 될 것이다. 성인인 만큼 본인들의 결정만으로도 법률 상 아무 하자가 없지만, 한국의 문화와 정서로 보면 자식의 혼인에 부모가 적극적으로 개입하는 경우가 많아 양쪽 집안으로부터 혼인 허락을 받는 것도 혼인례 과정 중 하나이다.

● 약혼

혼인을 약속하는 행사인 약혼은 준 혼례식이라고 할 수 있다. 약혼식은 양가 가족과 가까운 친지들을 모시고 진행한다. 순서는 대략 약혼 선언, 예비 신랑 신부에 대한 소개, 사주단자 전달 및 약혼 선물 교환, 양가 가족 및 친지 소개, 환담의 순서로 이루어진다. 안타깝게도 파혼하게 되는 경우 예물은 돌려주며, 경우에 따라 물질적, 정신적 손해배상 책임이 생기기도 한다. 요즘은 약혼식을 생략하는 경우도 많다.

TIP 약혼서 서식

	남	여
본 적		
주 소		
성 명		
주민등록번호		
생 년 월 일		
호주의 주소 · 성명		

위 두 사람은 다음과 같이 혼인할 것을 약속함.

1. 혼인예정일 :

2. 기타 조건 :

년 월 일

약혼자

   (남)   인

   (여)   인

입회인

   (남자측) : 주소

         성명   인

   (여자측) : 주소

         성명   인

※ 첨부 : 호적등본 1부, 건강진단서 1부

※ 민법 제808조의 규정에 의한 동의를 요하는 경우에는 입회인은 그 동의권자로 한다.

● 혼인례 준비

혼인예정일은 신부 집에서 택일을 하여 신랑 집에 알리는데, 미리 혼인 당사자와 양가가 의논하여 좋은 날을 정한다. 주례는 혼인 뒤에도 신혼부부를 지켜봐 주고 지도해줄 수 있는 은사나, 잘 아는 덕망 있는 분으로 초빙한다. 주례를 부탁할 때는 부모나 본인이 직접 찾아가서 정중히 부탁 말씀을 드리고 혼인 당사자들의 이야기를 충분히 해드리는 것이 좋다. 물론 혼인 며칠 전에 당사자들이 다시 찾아뵙고 인사를 드려야한다.

청첩장에는 혼인하는 사람과 양가 부모, 혼인식에 청하는 인사말, 장소, 시간을 안내한다. 청첩장을 보낼 때는 신중해야 하며 안면이 있다고 해서 모두 보내는 것은 결례이다. 진심으로 축복해줄 사람들과 보내지 않으면 섭섭해할 만한 사람들에게 청첩장을 보내는 것이 좋다. 혼인 예정일로부터 2~3주의 여유를 두고 보낸다.

신랑이 신혼집을 준비하고 신부가 혼수로 살림살이를 마련하는 것이 일반적인 신혼 준비이다. 그러나 자신의 능력보다 과한 신혼집이나 혼수를 생각한다면 가계에 큰 부담이 되는 것은 당연하다. 작게 시작해서 크게 늘려가는 것도 혼인 생활의 즐거움이니 처음부터 너무 욕심 부리지 않는 것이 좋다. 주변 사람들에게 잘 보이기 위해 보기 좋게 꾸미는 것은 결국 자기 자신은 물론 가족까지 힘들게 만드는 원인이 된다.

신부가 시댁에 선물하는 예단도 마찬가지다. 본래는 신랑 부모에게 드리는 비단을 준비하는 정도였으나, 일부의 몰지각한 과시욕으로 비용이 커지는 경우가 있다. 무리가 되는 수준의 예단을 요구하다가는 정신적으로 괴로운 혼인

생활을 시작하거나 결국 파혼에 이르기 쉽다. 단란하고 행복한 신혼을 시작하기 위해서는 물질적인 것에 치중하기보다는 새로운 가정을 이루고 책임을 질 마음 준비와 기본 자세가 잘 되어 있는지를 먼저 생각해야 할 것이다.

● 예단 보내기

예단은 원래 혼례식이 끝나고 신부가 시댁에 들어갈 때 가지고 가는 것이 원칙이었으나 현대에는 신부가 예식 전에 직접 전달하는 풍습으로 바뀌었다. 반상기(그릇 한 벌) 등 물품을 보내기도 하고 요즈음은 돈으로 보내는 경우가 많다. 반상기를 보낼 때는 반상기 주발에 팥이나 찹쌀을 넣어서 보내는데, 팥은 악귀를 쫓고 찹쌀은 부부 금슬을 좋게 한다는 믿음에서 유래되었다. 반상기는 깨끗하게 닦은 후 주발의 한쪽은 찹쌀, 다른 쪽엔 팥을 담고 한지로 싼 다음 청홍함보로 싸면 된다.

예단비는 홀수로 준비하며 한지에 '예단비 금 ○○○원정'이라 적고 한지봉투에 넣어 입구에 '근봉(謹封)'이라 쓴다. 한지봉투의 접는 부분에는 풀칠을 하지 않는다. 신랑과 신부 사이가 막혀서 앞길이 막힐 수 있다는 속설 때문이다. 예단비를 넣어서 봉투 접는 부분에 근봉이라고 쓰는 것은 '엄히 봉하였으니 받으시는 분만 열어보라'는 뜻이다.

예단을 받는 신랑 측에서는 교자상 위에 붉은 보를 깔고 방석을 준비한다. 신부가 절할 위치에서 볼 때 시어머니가 왼쪽, 시아버지가 오른쪽에 앉는다. 신부는 시부모님이 앉아 계신 교자상 위에 먼저 예단을 올려놓고, 시부모님께 큰절을 한 번 한다. 절은 신부 혼자서 하고 신랑은 옆에 서 있는다. 절을 한 후 신부가

교자상 위 신부 바로 앞쪽에 놓아둔 예단봉투를 두 손으로 들어 공손히 전해 드린 후, 뒷걸음으로 물러나 방석 뒤쪽에 서서 기다린다. 시부모님이 먼저 예 단봉투를 열어 보되 돈(수표)은 꺼내어 세어보지 않는다. 봉투를 꺼내 본 다음 현물 예단을 풀어 보고 예단에 대한 감사의 말과 함께 사돈어른 내외분께 고맙 다는 인사를 전한다. 시부모께서 자리에서 일어나시면 신부는 일어나 예를 갖 춘다.

● 함 받기

함은 혼례식 1주일 전이나 2~3일 전 신부 집으로 보낸다. 예전에는 함에 신 부 혼인 예복으로 초록저고리와 다홍치마 한 벌, 채단, 액을 물리치고 길함을 상징하는 차(茶)씨, 목화씨, 향, 노란 콩, 붉은 팥을 각각 담은 다섯 개의 황낭주머니 등을 넣었다. 정성스럽게 혼서를 써서 같이 보내는데 신부는 이 혼서를 평생 장롱 깊숙이 넣어 두었다가 관속에 넣어갔다고 한다. 두 사람이 함께 시작했을 때 받은 혼서를 백년해로하고 무덤까지 가지고 갈 수 있다는 것은, 혼인이 얼마나 숭고하며 긴 여정을 함께 하는 것인가에 대해 생각해보게 하는 대목이다.

요즘은 함 보내기를 생략하거나 실용적인 트렁크 혹은 백을 이용하여 신부 집에 메고 들어간다. 전통적으로 함진아비 측과 함 받는 신부 집에서 실랑이를 벌이며 즐거운 시간을 보내는 풍습이 있었으나, 이것이 지나쳐 다투는 경우들이 종종 생겨나 신랑이 혼자 들고 가는 경우가 많아졌고 함의 내용물이나 함 받는 절차를 최대한 간략하게 하는 편이다.

● 이바지음식

이바지음식은 시댁 어른에게 예와 정성을 담아 올리는 음식으로, 손님치레를 생각하여 넉넉히 보내는 것이 좋다. 요즘은 예식을 치른 후 손님들이 집으로 모이기 때문에 혼인식 당일에 이바지음식을 주고받는다. 제철 음식을 이용하고 음식이 상하지 않도록 한다. 준비 단계에서 시어머니와 대화를 많이 하여 서로의 입장을 충분히 이해하고 배려한다. 청홍의 보자기로 싸고 찬품 목록을 작성하여 보낸다. 음식이 제때에 잘 도착하도록 전후 확인을 잊지 않는다.

● 혼인식

전통혼인식은 주로 집 마당, 너른 공회당 같은 장소에서 치렀지만 현대 혼인식은 대부분 전문 혼례식장이나, 교회나 성당, 절 등 종교시설을 이용한다. 간혹 전통혼인예식을 위해 예식이 가능한 한옥에서 하기도 한다. 예식 날은 주말로 잡는 경우가 대부분이지만 요즘은 평일 저녁을 이용한 예식도 늘어나고 있다. 예식 복장은 남자는 깔끔한 양복차림이나 한복차림이고 여자는 흰 웨딩드레스가 보편적이나 한복 드레스를 입기도 한다.

예식장은 하객들을 위해 교통이 편리한 곳으로 잡는 것이 좋다. 대중교통 이용이 용이한지, 주차장은 충분한지 미리 살펴보아야 한다. 사회자는 예식을 원활하게 진행할 수 있고 경험이 많은 지인이 좋다. 너무 경망스러운 것은 좋지 않다.

혼인예식은 개식을 선언하며 시작한다. 이후 신랑·신부 입장, 신랑·신부 상견례, 혼인 서약 및 성혼 선언, 예물교환, 주례사, 축사, 축가, 신랑·신부 인사 및 행진, 폐식, 가족 대표 인사, 폐백, 피로연, 혼인 축하 및 답례 순으로 진행된다.

혼인 서약을 한 후 주례는 "이제 신랑 ○○○군과 신부 ○○○양은 그 일가친척과 친지를 모신 자리에서 일생동안 고락을 함께 할 부부가 되기를 굳게 맹세하였습니다. 이에 주례는 이 혼인이 원만하게 이루어진 것을 여러 증인 앞에 엄숙하게 선포합니다."라고 하객들에게 성혼 선언문을 낭독한다.

● 폐백-현구고례(見舅姑禮)

흔히 폐백이라 불리는 의례의 원래 명칭은 현구고례이다. 옛 풍속으로는 신부 집에서 혼인례를 치르고 일정 기간이 지난 후 시댁으로 갔다. 이때 신부가 시부모나 그 밖의 시댁 어른들에게 처음으로 인사드리는 것을 구고(舅姑)의 예(禮)를 올린다고 하는데, 이를 위하여 준비해 가는 음식이 폐백이다. 친정에서는 신부가 시댁으로 갈 때 대추, 밤, 마른안주, 포 등을 함께 보내어 현구고례에 사용하게 했다. 현대 혼례식은 예식장 문화가 일반화되어 있어 예식장에 마련되어 있는 폐백실에서 의례를 치르는 것이 보통이다. 예식장에서 시댁까지의 거리와 이동 시간을 감안해 잘 상하지 않는 음식들로 폐백을 준비한다.

폐백을 올릴 때 신부는 녹의홍상 즉 붉은 치마에 녹색 저고리를 입고 그 위에 녹원삼이나 활옷을 덧입는 것이 전통적인 예이다. 폐백용 한복은 대개 예식장에 비치되어 있으므로 사전에 확인한다. 폐백 때 신부를 도와주는 이를 수모라 부르는데, 원래는 시부모님이 상 앞에 앉아계시면 신부가 수모의 도움을 받아 시아버님에게는 밤과 대추를, 시어머님께는 육포나 닭을 올리고 보자기를 푸는 것이 원칙이지만 요즘은 시간상 의례를 시작하기 전에 미리 상 위에 음식을 준비해 놓는다. 폐백보자기에 둘러 있는 근봉도 미리 풀어져 있다. 원 전통으로는 시아버님이 근봉을 직접 푼다. 시어머님은 폐백을 어루만져 며느리의 허물을 덮어주겠노라는 표시를 한다.

신부는 신랑의 오른쪽에 서서 수모의 도움을 받아 큰절을 네 번 올리고 마무리 반절을 하고 물러나 앉는다. 이때 신랑은 절을 하지 않는다. 신부는 다시 수모의 도움을 받아 시부모님께 술을 따라 올리고 한 모금 드시고 난 후에는 수모를 통하여 안주를 권한다.

절을 받은 시아버님은 덕담을 하면서 며느리에게 대추를 던지는데 며느리는 이를 치마폭에 받는다. 시조부모님이 계시더라도 시부모님께 먼저 폐백을 올려야 하며 백부, 숙부, 시삼촌, 시고모 순으로 진행한다. 시누이, 시동생과는 맞절을 한다.

● 축전과 부조

혼인식에 초청받았는데 부득이 참석할 수 없을 때에는 지인을 통해 부조를 보내기도 하지만 축전을 보내서 축하의 뜻을 전하는 것이 더 좋다. 우체국 경조카드 시스템도 편리하고, 직접 예쁜 카드를 골라 손글씨를 쓰는 것 역시 좋은 방법이다.

하객으로 참석했을 때에도 선물이나 축하금을 넣는 부조에 정성을 갖추는 것이 좋다. 축하금은 깨끗한 흰 종이에 싸 부조하는 물건 목록인 단자(單子)를 써서 봉투에 넣는다. 단자 없이 봉투만 쓸 경우에는 봉투 앞쪽에 축하 문구를 쓰고 왼편 아래에 물목을 적는다.

요즘 부조는 이러한 것을 모두 생략하고 봉투에 이름만 써서 넣는 것이 일반적인데 조금만 더 신경을 써 정성어린 축하 메시지라도 함께 보낸다면 받는 입장에서 무척 감동받을 것이다.

02 현명한 부부 생활

혼인을 한다는 것은 전혀 다른 삶을 살아온 두 사람이 하나가 되어 인생을 같이 살아간다는 것이다. 결코 쉽지 않은 이 일은 피차 많은 노력과 양보가 필요하다. 행복한 가정을 꾸리기 위해서는 혼인하기 전에 미리 감정 다스리기에 대해 생각해 볼 필요가 있다. 우울, 분노, 중독적 심리상태, 시댁과의 불화 등 좋지 않은 상황이 발생하였을 시 잘 대처할 수 있도록 평상시에 마음 훈련을 하는 것이 좋다. 갈등이 생겼을 때는 무작정 화내기보다 서로의 말을 충분히 들어주고, 자신의 생각이나 요구도 성의 있게 전달하여 대화를 통해 문제를 현명하게 극복하는 법을 되도록 많이 연습해야 한다. 상대에게 따뜻한 관심 가지기, 부정적인 단어 피하기, 상대방의 입장에서 생각하기, 말하기 전에 한 번 더 생각하기, 서로에게 힘이 될 수 있도록 노력하기 등 상대를 이해하고 알기 위한 마음 씀씀이가 필요하다.

현명한 부부생활을 유지하기 위해서는 지혜와 성숙함이 꼭 필요하다. 하지만 나이가 들었다고 누구나 지혜롭다고 할 수는 없다. 대개 반듯하고 사랑이 넘치는 가정환경에서 성장한 경우 지혜로운 배우자가 될 확률이 높다. 또한 내가 속한 사회 조직의 인간관계, 다양한 사회의 권위와 전통을 존중할 줄 알아야 한다.

좋은 배우자는 자기 자신의 장단점을 똑바로 알고 수용하며 자신의 행동에 대해 책임질 줄 알아야 한다. 현실로부터 도피하는 태도, 지나치게 과장하여 생각하는 태도, 문제에 대해 신경질적으로 반응하는 습관을 지양하고, 현실을 냉정하게 직시하면서도 그로부터 미래를 향해 나아갈 수 있는 건전한 삶의 태도를 갖추어야 한다. 부모로부터 경제적, 정서적 독립을 해야 하고 주체적으로 의사결정을 할 수 있는 능력을 갖추어야 한다. 감정적으로 충분히 발달되어 남의 평가에 동요하지 않고 가볍게 받아넘길 줄 알아야 한다. 이처럼 현실에 대한 인식이 올바르고, 독립성과 정서적인 안정을 갖춘 사람이 좋은 배우자이다.

혼인 적령기에 대해서도 고민해볼 필요가 있다. 남자 20세, 여자 18세 이전에 이루어지는 조혼은 일반적으로 이혼할 확률이 대단히 높다고 한다. 현재 한국의 평균 혼인 연령은 남자 32세, 여자 29세로 예전보다 훨씬 늦어지는 추세이다. 사회적 기반을 쌓는 시기가 늦어진 원인도 있겠지만 독신을 추구하는 남녀가 늘고 있는 것도 이유라 하겠다. 그만큼 혼인을 꼭 해야만 하는 인생의 필수요소로 생각하지 않는 이들이 많아졌음을 알 수 있다. 그러나 늦은 혼인은 자녀 출산에도 영향을 미치게 되므로 건강한 나이에 혼인하는 것이 좋다.

배우자 선택을 하면서 혼인 결정을 너무 빨리 하거나, 너무 이른 나이에 혼인을 하거나, 한쪽 혹은 양쪽이 지나치게 열렬히 혼인을 바라거나, 두 사람이 함께한 경험의 토대가 너무 약하거나, 두 사람이 혼인에 대해 비현실적인 기대를 갖고 있다면 그 혼인은 실패할 확률이 높다. 서로를 위해 혼인에 대한 신중하고 진지한 자세가 필요하다.

영원한 이별, 간절한 인사
상례

사람이 태어나 한 생을 살고, 죽음에 이르는 것은 지극히 자연스러운 일이다. 하지만 사랑하는 가족이나 가까운 누군가를 영원히 볼 수 없게 된다는 것은 남은 사람들에게는 큰 고통이요 아픔이다. 관례, 혼인례, 제례가 기쁨과 축하, 그리움을 함께하는 즐거운 페스티벌이라고 한다면, 상례는 슬픔을 함께 나누고 돌아가신 고인을 위해 최대한의 예의를 표하는 의례이다. 현대 상례를 살펴보며 가족 혹은 가까운 이의 죽음을 맞이하는 자세를 생각해 보기로 하자.

장례, 낯설지만 꼭 알아두어야 하는 절차이다. 상례는 자연인의 사망에서부터 매장, 화장 등의 치장식을 거쳐 상주들이 상기를 마치고 기제를 지내기 전까지의 모든 절차와 의례를 말한다. 장례는 그중 운명부터 치장까지의 과정으로 기간에 따라 삼일장, 오일장, 칠일장 등으로 부르나 대개는 삼일장을 치른다. 현대 상례는 주거환경의 문제로 집에서 치르기가 어려워 병원 영안실과 전문 장례식장에서 이루어진다.

01 장례 절차

● 임종

임종을 하면 의사는 사망을 확인한다. 의사의 사망진단서[2]는 사망신고나 매장, 화장 수속에 꼭 필요하다. 운명한 후에는 눈을 감기고, 깨끗한 백지나 솜으로 코와 귀를 막고, 입을 다물게 한 뒤 머리를 높게 고이고 손발을 가지런하게 한다. 홑이불로 덮고 병풍이나 장막으로 가린다. 그 앞에 고인의 사진을 모시고 촛불을 밝힌 후 향을 피운다. 죽은 이의 배우자와 직계 비속(자녀, 손자, 손녀)은 상제(喪制)가 된다. 상주(喪主)는 장자가 되고, 장자가 없는 경우에는 장손이 상주가 된다. 장자나 장손이 없을 때는 차자나 차손이 상주가 된다. 자손이 없는 경우에는 가장 가까운 친척이 상례를 주관한다.

● 호상(護喪)

호상소를 마련하고 친족이나 친지 중 상례에 밝고 경험이 있는 사람을 호상으로 택해서 상주를 대표하여 장례의 절차, 진행, 부고, 사망신고, 매장의 허가, 신청 등 모든 일을 처리하게 한다. 요즘은 장례대행사에 일임하는 경우가 많다.

● 발상(發喪)

발상은 초상(初喪)을 알리고 상례를 시작하는 의식 절차다. 즉 상주(喪主)를

---

2 장례식장에 가기 전, 의사에게 요청하여 사망진단서 7통을 발급받는다. (사용처 : 동사무소 사망신고, 장례식장 이용, 매장·화장·봉안시, 보험회사 보험 청구용, 국민건강보험 장제비 청구, 상주 보관용 등)

세우고 자손들이 상제(喪制)의 모습을 갖추어 초상이 났음을 알리는 것이다.

● 장례식 방법과 절차

　가족장은 죽은 사람의 사회적 지위나 위치에 맞게 장례식을 정하고 단체장은 해당 단체 기관과 상의한다. 매장을 할 것인지 화장을 할 것인지 정하고 매장일 때는 묘지의 장소, 화장일 때는 화장장을 결정한다. 출상 시기와 영결식 장소를 정하고, 장례식 방법을 정한다. 부고를 알릴 범위와 방법을 정한다.

● 염습(殮襲)과 입관(入棺)

　죽은 이의 몸을 씻기고 수의를 입혀 염포로 묶는 것을 염습이라고 한다. 습이란 향탕수(香湯水)로 시신을 정결하게 씻기는 것을 말하는데, 시신의 옷을 벗기고 홑이불로 가리고 물을 따뜻하게 하여 욕건(浴巾)으로 씻긴다. 운명한 다음날 하는 것이 원칙이나 운명 당일에 하는 경우도 있다.

　수의는 입히기 쉽게 속옷과 겉옷을 겹쳐서 입히며, 아래부터 위의 순서로 입힌다. 옷고름은 매지 않고, 단추도 꿰지 않으며 옷깃은 산 사람과 반대로 여민다. 입관할 때는 관의 벽과 시신 사이 공간을 깨끗한 백지나 마포로 채워 시체가 관 속에서 흔들리지 않게 한 후 홑이불로 덮고 관 뚜껑을 덮어 나무로 만든 못으로 박는다. 붉은 천에 흰 글씨로 관상명정(棺上銘旌)을 쓴다. 명정[3]은 죽은 사람의 관직이나 성명 등을 적은 조기(弔旗)인데, 나중에 이 기로 관을 덮는다.

---

3 장례식에 쓰이는, 붉은 천에 흰 글씨로 죽은 사람의 관직이나 성명(姓名) 따위를 적은 조기(弔旗). 장대에 달아 상여 앞에 들고 가서 널 위에 펴고 묶는다.

장지(狀紙) 등의 두껍고 질기고 질 좋은 종이로 관을 싸고 노끈으로 묶는다.

● 영좌(靈座)와 명정(銘旌)

입관 후에는 관을 병풍이나 포장으로 가리고, 그 앞에 혼백을 모시는 자리인 영좌를 마련하여 고인의 사진을 모시고 촛불을 밝히고 향을 피운다. 영좌 앞에 탁자를 놓고 술잔과 과일 등을 차려 조석으로 분향하고 고인이 애용하던 물건도 놓는다. 명정은 오른쪽(서쪽)에 세워 두어도 되고 병풍이 있으면 병풍에 걸쳐 두어도 된다.

● 성복례(成服禮)와 조문(弔問)

성복례는 상복으로 갈아입고 서로 복인이 된 것에 대해 인사하는 절차로, 이 절차가 끝나고 나서부터 문상객을 받을 수 있다. 요즘에는 삼일장으로 짧게 하기 때문에 입관을 하면 즉시 성복례를 한다. 조문객은 고인을 조문하고 상주와 가족들을 위로한다.

● 장일(葬日)과 장지(葬地)

장일은 보통 사망한 날로부터 3일이 되는 날로 한다. 예로부터 짝수를 쓰지 않고 홀수를 써서 삼일장, 오일장, 칠일장으로 하여 왔으나 대부분 삼일장을 지내고, 장사는 매장이나 화장으로 한다. 장지는 공동묘지, 가족묘지, 선산 등을 이용하는데 고인이나 가족이 따로 마련하기도 한다.

● 천광(穿壙)

천광이란 묏자리를 파는 것이다. 깊이 1.5m 정도로 미리 준비해야 하는데, 이때 땅에 술을 뿌리며 토지신을 달래는 의례를 한다. 말로 하기도 하지만 대부분 술, 과일, 어포 등으로 제상을 차리고 땅을 연다는 것을 고하는 축문인 개토고사(開土告辭)를 읽는 것이 관례다. 묘소의 왼쪽에 남향으로 제상을 차려놓고 고사 올리는 사람이 신위 앞에 북향하여 분향하고 두 번 절한 후 술을 부어 개토고사를 읽은 뒤 두 번 절한다. 개토 시 산신축문은 "유세차 ○○○○년 ○○월 ○○일 ○○○는 토지신께 감히 고하옵나이다. 이제 ○○○의 아버님 ○○면장 김해 김공(어머님 파평 윤씨)의 무덤을 지으려 하오니 신께서 보살펴 어려움이 없게 하여 주소서. 삼가 술과 제수를 차려 정성을 다해 받들어 올리오니 흠향하옵소서."이다.

● 발인제(發靷祭)

영구가 상가 또는 장례식장을 떠나기 전에 영구와 영위를 작별하는 의식을 발인제라고 한다. 영구를 모시고 명정을 세우며 제상에는 사진 또는 위패를 모시고, 촛대, 향로, 향합을 준비한다.

● 운구(運柩)

관을 나르는 것으로 영구차를 이용한다. 지방에서는 상여로 운구하는 모습이 남아 있기는 하나 지금은 거의 없다. 운구 행렬순서는 사진, 명정, 상제 및 조객 순이다.

● 하관(下官)과 성분(成墳)[4]

영구가 장지에 도착하면 묘역(墓域)을 다시 살펴보고 하관한다. 명정을 풀어 관 위에 덮고 상제들이 관 양쪽에 마주하여 두 번 절한다. 하관할 시간에 맞추어 결관(結棺)[5]을 풀고 영구를 반듯하게 한다. 천개(天蓋: 관의 뚜껑), 즉 회(灰) 등을 덮고 평토(平土)[6]한 후 지석(誌石)[7]을 오른편 아래쪽에 묻고 성분한다.

● 위령제(慰靈祭)

성분을 끝낸 후 그 무덤 앞으로 영좌를 옮기고 간소한 제수를 차려놓고 제를 드린다. 위령제는 향 올리기, 잔 올리기, 축문 읽기, 배례(拜禮)의 순으로 진행한다. 화장의 경우에는 화장이 끝난 후 영좌를 유골함으로 대신하고 같은 절차로 제를 행한다. 축문은 "○○○○년 ○월 ○일 아들(또는 손자) ○○은(는) 아버님(또는 할아버님) 영전에 삼가 고하나이다. 오늘 이곳에 유택을 마련하였사오니 고이 잠드시고 길이 명복을 누리옵소서."이다.

집으로 돌아올 때는 혼백을 함께 모셔오는 의식을 치르는데 이를 반우(返虞)[8]라 한다. 위패를 영여(靈輿)에 모시고 제사를 돕는 집사가 분향하여 술을 부어놓으면 상제들은 오른편에 꿇어앉아 영혼을 모시고 온다는 것을 고하는 반혼고사(返魂告辭)를 읽는다. 모두 곡하고 재배한 다음 집으로 돌아온다.

---

4 흙을 둥글게 쌓아올려 무덤을 만듦.
5 관을 싼 위에 숙마줄(숙마로 꼬아서 만든 줄)로 밤엮이를 쳐서 동임.
6 관을 묻은 뒤에 흙을 쳐서 땅을 평지와 같이 평평하게 함.
7 죽은 사람의 이름, 생몰(生歿) 연월일, 행적, 무덤의 좌향(坐向) 등을 적어 무덤 앞에 묻는 돌.
8 장사지낸 뒤에 신주(고인의 위패)를 집으로 모셔 옴.

● 성묘

　장례를 지낸 지 3일 만에 첫 성묘를 가는데 첫 성묘를 가기 전에 세 번의 우제를 지낸다. 우제는 혼백을 편안하게 모신다는 뜻으로 지내는 제사로서 초우제는 묘소에서 돌아온 그날 저녁에 영좌에 혼백을 모시고 지낸다. 재우제는 장사 지낸 그 이튿날 지내는 것이고, 삼우제는 재우를 지낸 다음날 식전에 지내는 것이다.

● 탈상

　부모, 조부모, 배우자의 상기(喪期)는 사망한 날로부터 백 일로 하되 기타의 경우에는 장사지낸 날(葬日)까지로 한다. 상기 중에는 궤연(几筵)[9]은 설치하지 않으며 기제를 준비한다.

　한 사람의 죽음에 따른 상례의 절차가 모두 끝나면, 유족이나 친지들은 해마다 돌아오는 기일(忌日)에 고인을 추모하는 예를 지낸다.

 상복과 상장 그리고 수의

・상복(喪服)

상복은 한복일 경우 백색이나 흑색으로 하고, 양복은 흑색으로 한다. 부득이한

---

9 혼백이나 신위를 모신 자리와 그에 딸린 물건들.

경우 평상복으로 대신할 수도 있으나 최대한 점잖고 정갈하게 준비한다. 왼쪽 가슴에 상장(喪章)이나 흰 꽃을 달고 머리에는 두건을 쓴다. 여성은 양장을 할 경우 여름이라도 긴 소매에 속이 비치지 않는 단순한 스타일을 선택하고, 메이크업과 액세서리는 하지 않는다. 상복을 입는 기간은 장례가 끝나는 날까지로 하고, 상장을 다는 기간은 탈상까지로 한다.

• 상장(喪章)

흰색의 감을 가로 7cm, 세로 3cm 정도 잘라 가운데를 묶어 리본 모양으로 만든다. 흰 상복에는 검은색 상장을, 검은 상복에는 흰 상장을 다는 것이 합리적이다. 왼쪽 가슴에 달며, 흰색 꽃으로 대신할 수도 있다.

• 상장의 크기/ 리본의 크기와 모양

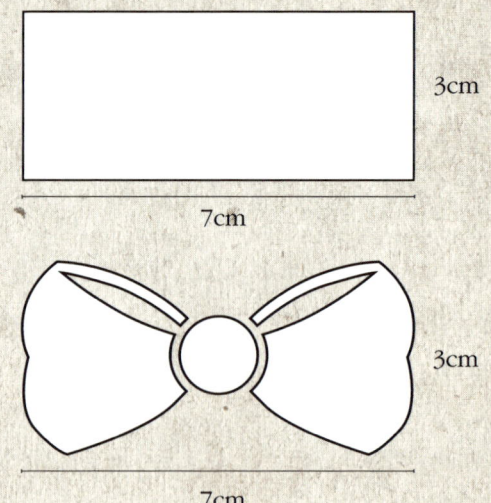

- 수의(襚衣=壽衣)

연세 많은 노인이 계신 집에서는 윤년 윤달을 택하여 수의를 미리 준비해 두었다가 쓴다. 상을 당한 후에 급히 수의를 만들려면 시간도 걸리고 분주하기 때문이다. 예전에는 날을 택하여 친족 중에서 수의를 잘 만드는 분을 지휘자로 모시고 정성껏 만들었으나 근래에는 주단 집이나 장의사가 알선하는 곳에 맡긴다. 준비하지 못한 경우에는 장례식장이나 수의 상점에서 수의를 사서 마련한다.

수의 감은 비단이나 마직(고운 부포나 베) 등의 자연섬유로 한다. 빛깔은 대개 흰색으로 하지만 집안 법도 또는 고인의 소원에 따라 화려한 색으로 만들기도 한다. 수의를 짓는 실도 자연섬유로 해야 한다. 화학섬유 실을 쓰면 수의는 삭으나 실은 삭지 않고 그대로 남기 때문이다.

수의는 겹옷으로 만들며, 산 사람의 옷보다 훨씬 크게 만든다. 시신을 넉넉하게 감쌀 수 있어야 염습할 때나 입관할 때 편안히 모실 수 있다. 수의를 지을 때는 실에 매듭을 짓지 않으며 좀이나 벌레가 해친 수의는 쓰지 않는다.

02 문상 예절

● 상주의 예절

문상을 받는 상주는 문상객보다 먼저 절을 시작하고 일어설 때는 문상객보다 늦게 일어나는데, 이것은 주인이 손님을 대접하는 예이자 문상을 와주어서 고맙다는 표시이다. 상주와 조객이 서로 악수를 청하거나 웃는 얼굴로 맞이하거나 조객을 문밖까지 나와서 배웅하는 일은 예의가 아니다. 상주는 빈소만 지키고 문상만 받는다. 또한 상주는 면도, 화장, 몸치장을 하지 않으며 큰 소리로 떠들거나 시비를 가리지 않으며 술은 삼간다.

● 문상 시기

  전통적으로 상주가 상복을 입기 전에 문상을 할 때는 문상객은 망인이나 상주에게 절을 하지 않으며 상주 역시 문상객에게 절을 하지 않는다. 성복(成服) 전에는 영좌가 설치되지 않았으니 조상도 하지 않고, 상주에게 문상도 하지 않으며 호상소에 인사만 한다. 성복 후에는 영좌에 조상하고 상주에게 문상하며 장례 후에는 영좌에 예를 올리고 상주에게 인사한다.

  전통 상례에는 가까운 사이나 친척이 아니면 성복 전 문상이 없었다. 오늘날은 3일 장례가 보편화되면서 피치 못하게 성복 전에 문상을 해야만 하는 경우가 있지만 가급적이면 문상을 가더라도 상가의 절차를 생각하여 입관이 끝난 후 영좌가 마련되면 문상하는 것이 마땅하다.

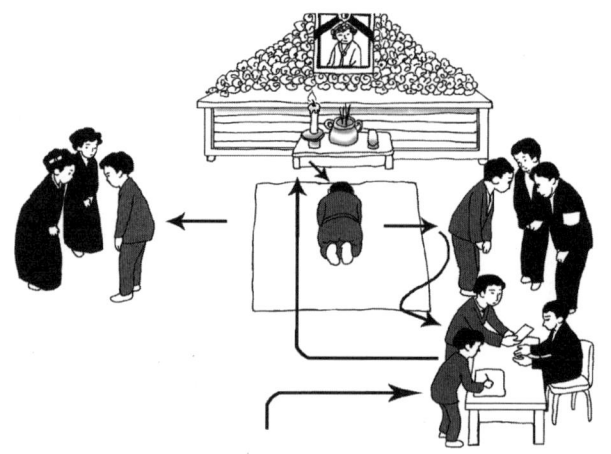

일반적인 문상의 순서

● 옷차림

 문상객 옷차림은 가급적 와이셔츠는 흰색으로 하고 넥타이, 양말, 구두는 검정색이 무난하다. 여성은 검정색 상의에 검정색 스커트를 입는 것이 가장 무난하나 수수한 옷차림이면 된다. 검정색 구두에 무늬가 없는 검정색 스타킹이 좋고 장갑이나 핸드백도 현란하지 않은 색이면 되며, 지나친 화장은 피하고 되도록 액세서리는 하지 않는 것이 바람직하다.

● 인사말

 문상은 상을 당한 사람을 극진히 위로해야 할 자리이다. 그 어떤 인사말도 상을 당한 사람에게는 위로가 될 수 없을 것이다. 오히려 아무 말도 안 하는 것이 더욱 더 깊은 조의를 표하는 것이 된다. 그러나 굳이 위로의 말을 해야 할 상황이라면 "삼가 조의를 표합니다.", "얼마나 슬프십니까!" 또는 "뭐라 드릴 말씀이 없습니다." 등으로 조의를 표하는 것이 일반적이다. 상주는 "고맙습니다.", "드릴 말씀이 없습니다." 등으로 답한다.

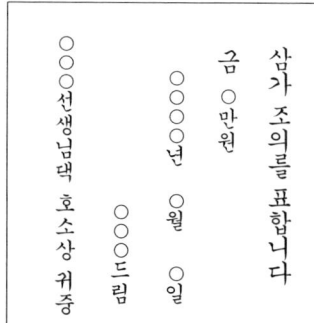
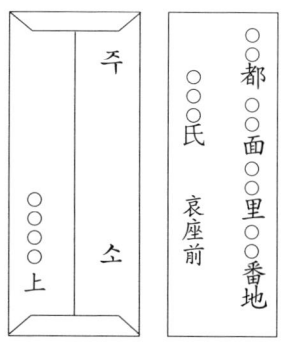

부의단자와 부의봉투

4

그리워, 가족이 모두 모이다
제례

가족 중 누군가가 죽음을 맞으면 남은 가족들은 슬픔 속에서 예를 다하여 떠나보낸다. 그 후로 추모의 의미로 정성을 다하여 기념하는 것이 제사이다. 복잡해진 현대인의 생활 중에 제사를 모시는 일이 쉽지는 않지만 보다 가치 있고 의미 있는 제사 모시기에 대해서 생각해보자.

망자의 생전 모습을 다시는 볼 수 없지만 남은 가족들이 다 함께 모여 이미 떠난 망자와 함께한 추억을 이야기하고 음식을 나누며 또 현재를 잘 살아보자고 다짐하는 날, 그것이 제례의 시간이다.

01 제례 준비

● 제사의 종류

기제(忌祭)는 해마다 한 번씩 고인이 별세한 날짜에 올리는 제사를 일컫는다. 기제사는 고인을 추모하는 의식으로 순수한 가족적 행사이다. 고인의 직계자

손과 가까운 친척들만이 참여한다.

묘제(墓祭)는 산소에서 지내는 제사이다. 진설(陳設)과 차례(茶禮)는 기제에 준하지만 참신(參神)을 먼저, 강신(降神)을 후에 한다. 제례(祭禮)는 시조 이하 선대 선조들을 추앙(推仰)하는 여러 가지 의식을 비롯하여 돌아가신 고조부모, 증조부모, 조부모, 부모, 형제와 배우자, 기타 친족을 추모 또는 추도하기 위하여 돌아가신 날이나 사시명절(四時名節)에 제사를 올리는 의식절차를 말한다. 기제일(忌祭日), 기일은 휘일(諱日)이라고도 하며 고인이 돌아가신 날을 말한다.

● 제사의 주체

제주(祭主)는 제사를 맡아서 주재하는 사람이다. 고인의 장자 또는 장손이 맡으며 장자 또는 장손이 없는 경우에는 차자 또는 차손이 제주가 되어 제사를 주재한다. 고인이 여성일 경우에는 남편이나 그 자손이 제주가 된다. 또 제주의 제사 진행을 돕는 이를 집사(執事)라 해서 우집사와 좌집사를 두는데, 보통 아들이나 조카가 맡는다.

제복(祭服)은 제사를 올릴 때 입는 복장으로 깨끗한 평상복을 갖추어서 입으면 된다. 평시에 입는 옷이라도 깨끗한 것으로 입어야 하며 양복을 입을 경우에는 와이셔츠에 넥타이를 매고 상의를 입어야 하고 한복을 입을 경우에는 두루마기를 입어야 한다.

● 신주와 축문

신위(神位)는 고인의 영혼 즉, 신을 모시는 곳을 말한다. 나무로 만든 위패는 신주, 종이에 써서 만든 것은 지방이라고 한다. 제사를 지내려면 사당에서 신주를 옮겨 모셔야 하는데 신주가 없을 때 대신 지방을 써서 봉인한다.

지방의 크기는 대략 가로 7cm, 세로 21cm 로 하며, 직사각형으로 만들어 위쪽을 둥글게 자른다. 일반적으로 관직이 없을 경우에는 '학생(學生)'이라고 쓰고, 관직이 있을 경우는 벼슬 이름을 쓴다. 아버지나 할아버지의 지방을 고위(考位), 어머니나 할머니의 지방을 비위(妣位)라 하는데, 비위에는 '유인(孺人)'을 쓰지 않고 고위(考位)의 벼슬에 따라서 봉(封)한 명칭을 쓴다. 오늘날에는 관직명을 쓰고, 직함 또는 석박사의 학위를 써도 좋다. 요즘에는 한글로 지방이나 축문을 쓰는 경우도 많다.

축문(祝文)은 고인을 추모하는 뜻을 써서 제사 올릴 때 신에게 고하는 글이다. 깨끗한 창호지 또는 모조지에다 정성껏 쓴다.

높으신아버님밀양박군수어른신위
높으신어머님문학사청송심씨신위

높으신어머님신위
높으신아버님신위

현고학생부군신위
현비유인전주이씨신위

한글 지방의 예

TIP 축문

축문은 조상님께 제사 올리는 사실을 고하는 글로 흠향하기를 바라는 마음을 전하고 있다. 축(祝)이라고도 하며 흰 한지에 까만 먹으로 쓰고, 기제가 끝나면 깨끗하게 소지한다.

• 한글 축문 예시

"이제 서기 ○년 ○월 ○일에 큰아들 ○○는

아버님 서기관 ○○군수(관직, 벼슬이름) 어른과 어머님 부인 ○○ (본관) ○씨 어른 앞에 감히 밝혀 아뢰나이다. 세월이 바뀌어 아버님께서 돌아가신 날(세상을 버린 날)이 다시 돌아오니 세월이 흐를수록 더욱 생각되어 하늘과 같아 끝간 데를 모르겠나이다.

삼가(이에) 맑은 술과 갖은 음식을 공경을 다해 받들어 올리오니(마음을 다해 상을 차렸으니) 어여삐 여기사 (두루) 흠향 하시옵소서"

• 한문 축문 예시

維歲次干支某月干支朔某日干支孝子○○敢昭告于

유세차간지모월간지삭모일간지 효자○○감소고우

顯考學生府君歲序遷易諱日復臨

현고학생부군세서천역휘일부림

追遠感時不勝永慕謹以清酌庶羞恭伸奠獻

추원감시불승영모근이청작서수공신전헌

饗尚

상향

· 뜻풀이

유세차(維歲次)- 오늘. 이제(維) 해의 차례가 이어져 온다(歲次)는 뜻.

간지 모월 간지삭 모일 간지 (干支某月干支朔日某干支)- 제사의 일시.

(간지: 그 해의 간지. 모월: 제사달, 간지삭: 삭은 달, 월의 개념으로 제사달이라는 뜻이며, 제사달의 간지. 모일: 제삿날과 그날의 간지. 예: 정축 팔월 정해삭 십오일 갑자)

효자(孝子)○○- 주사자의 신분. 효성스러운 자손 ○○가.

감소고우(敢昭告于)- ~에게 삼가 고합니다.

현고(顯考)- 돌아가신 아버님

학생(學生)- 생시 품계나 관직이 없는 분을 일컫는 말.

부군(府君)- 돌아가신 분을 높여 부르는 말.

세서천역(歲序遷易)- 해가 바뀌어.

휘일부림(諱日復臨)- 돌아가신 날이 다시 돌아왔습니다.

추원감시(追遠感時)- 조상의 덕을 추모하여 더욱 생각나는 때입니다.

불승영모(不勝永慕)- 영원히 그리워 못 잊겠습니다.

근이(謹以)- 삼가.

청작서수(淸酌庶羞)- 맑은 술과 여러 가지 음식으로

공신전헌(恭伸奠獻)- 공경을 다해 받들어 올리오니.

상향(尙饗)- 흠향 하옵소서.

한문 축문은 한문이 다소 어렵게 느껴지며 축문을 읽는 것도 서툴기 쉽다. 읽는 것은 그 의미를 새기며 운율을 넣어 신중하고 공경스럽게 하면 되고, 간지를 넣는 것은 천간(天干) 단위법과 지지(地支) 단위법을 사용한다.

천간은 甲(갑)·乙(을)·丙(병)·丁(정)·戊(무)·己(기)·庚(경)·辛(신)·壬(임)·癸(계)이고, 지지는 子(자)·丑(축)·寅(인)·卯(묘)·辰(진)·巳(사)·午

● 제사상 차리기

　제수(祭需)란 제사상에 차리는 음식으로 고인을 추모하기 위한 정성의 표시라고 할 수 있다. 정성의 표시는 물질로서 가름되는 것이 아니고 마음에서 우러나오는 것이라야 한다. 마음을 다한 것이 제사의 근본이라 할 수 있고 물질로만 다한 것은 가장 잘못된 제사이다. 제수를 제상에 진설(陳設)하는 순서는 가문(家門)에 따라 많은 차이가 있다. 일반적으로 홍동백서(紅東白西), 두동미서(頭東尾西), 생동숙서(生東熟西), 반좌갱우(飯左羹右), 어동육서(漁東肉西), 조율시이(棗栗柿梨), 포좌혜우(脯左醯右) 등이다.

제상에는 일반적인 예로서 다섯 줄로 진설한다. 신위 바로 앞줄은 메(밥), 갱(국), 떡 그리고 수저를 담은 접시를 놓는다. 떡을 첫 줄에 놓는 것은 곡식으로 만든 제수를 한 줄로 차리기 위함이다. 둘째 줄에는 고기류인 육적과 두부로 만든 소적, 생선류인 어적을 순서대로 올린다. 전은 육전·소전·어전 세 가지를 올리는데, 요즘엔 한 가지만 올리기도 한다. 이때 생선으로 만든 것은 오른쪽(東)에 고기로 만든 것은 왼쪽(西)에 놓는다. 셋째 줄은 탕 줄로서 고기를 넣어 만드는 육탕과 두부로 만드는 소탕, 생선을 넣어 끓이는 어탕, 이렇게 삼탕을 올린다. 넷째 줄에는 포와 나물류를 올린다. 왼쪽 끝에는 북어포나 대구포·육포 등을 올리며, 오른쪽 끝에는 식혜를 올린다. 나물류는 고사리·도라지·시금치 등을 올리되 포 바로 옆에 놓으며, 그 다음 나박김치 등의 침채를 차례대로 올린다. 다섯째 줄은 과일과 과자 줄로서, 왼쪽부터 대추, 밤, 배, 감 혹은 곶감 등의 순서로 상에 올리고 이어서 유과, 산자, 강정 등을 놓는다.

제사 음식을 용어별로 살펴보면 메(飯)와 국(갱, 羹), 술(祭酒)이 있고, 탕(湯)으로는 채소나 두부로 만든 소탕(蔬湯), 생선으로 만든 어탕(魚湯), 쇠고기로 만든 육탕(肉湯)과 적(炙)으로는 소적(蔬炙), 어적(魚炙), 육적(肉炙)을 올리고, 채(菜)로는 콩나물·숙주나물·무나물·가지나물·호박나물 등의 가채(家菜), 고사리·도라지·취의 산채(山菜), 파래·미역·우뭇가사리 등의 해채(海菜)를 올리고 생선(魚)은 조기·병치·숭어·상어·홍어를, 고기(肉)로는 쇠고기·돼지고기·닭고기를, 포(脯)는 북어·문어·육포·가오리를 사용한다.

혜(醯)는 식혜이며, 과일로는 대추·밤·곶감·배·은행·사과·잣을 준비하고, 떡은 고물을 넣어서 시루에 찐 편(食扁)과 찹쌀가루를 반죽하여 속에 고물을 넣어 만든 병(餠)을 정성스럽게 준비한다.

02 제사의 절차

● 신 모시기

강신(降神)은 혼백이 강림하시어 음식 드시기를 청하는 것이다. 제주 이하 모든 참사자(參祀者)가 차례대로 선 뒤 제주가 신위 앞에 나아가 꿇어앉아 분향하고 우집사(右執事)가 술을 잔에 차지 않게 조금 따라 제주에게 주면, 제주는 받아서 땅을 의미하는 모사(茅沙) 그릇에 세 번으로 나누어 붓고 빈 잔을 우집사에게 다시 돌려주고 일어나서 제주만 두 번 절한다. 향을 피움은 위에 계신 혼을 모시고자 함이요, 술을 모사에 붓는 것은 아래 계신 백을 모시고자 함이다. 지방에 따라서는 강신에 앞서 제주가 신위를 모셔오는 의미로 대문 밖에 나왔다가 들어오고, 제사를 마친 후에 다시 신위를 전송하려 대문 밖까지 나갔다 들어오는 풍속도 있다. 강신을 마친 후 제주 이하 모든 참사자가 신위를 향하여 함께 두 번 절하여 참신(參神)을 한다. 신위가 신주(神主)인 경우에는 참신을 먼저 하고 지방(紙榜)인 경우에는 강신을 먼저 한다.

● 술과 음식 올리기

다음 절차는 신에게 첫 번째 잔을 올리는 초헌(初獻)이다. 제주가 신위 앞에 나아가 꿇어앉으면 좌집사가 제상의 고위(考位) 앞에 있는 잔반을 제주에게 집어주고 우집사가 잔에 술을 가득 붓는다. 제주는 술이 담긴 이 잔반을 왼손으로 잡고 오른손으로 술잔을 들어 모사(茅沙) 위에 세 번 기울여 부은(三除) 후, 다시 양손으로 잔반을 받들고 집사를 주어 고위에게 올린다. 가문에 따라서는 모사에 술을 붓지 않고 그냥 신위 앞에 드리기도 한다. 비위(妣位)에게도 이와 같은 절차로 잔에 술을 부어 올린다. 그리고 메 뚜껑을 열고 저를 고른 후 약간 뒤로 물러 나와 꿇어앉았다가 독축 후에 재배한다. 집사자는 다음 잔을 올리기 전에 잔반의 술을 퇴주 그릇에 따르고 빈 잔반을 본래의 자리에 놓아둔다.

독축(讀祝)이란 축문을 읽는 것을 말한다. 축문은 초헌이 끝난 다음 제주 이하 모든 제관이 꿇어앉고 제주의 좌측에 축관이 꿇어앉아 읽는다. 축문을 읽을 때는 엄숙한 분위기를 조성하기 위하여 목청을 가다듬어 천천히 그리고 크게 읽어야 한다. 축문을 다 읽고 나면 모두 일어나 두 번 절한다.

아헌(亞獻)은 두 번째 잔을 올리는 것이다. 제주의 부인인 주부(主婦)가 집사의 도움을 받아서 초헌과 같이 잔을 올리고 사배(四拜) 하는 것이 원칙이나 주부가 올리기 어려울 때는 제주의 다음 가는 근친자가 초헌과 같은 방법으로 올리고 재배한다. 종헌(終獻)은 세 번째 잔이자 마지막 잔을 올리는 것이다. 아헌자 다음 가는 근친자가 초헌이나 아헌과 같이 잔을 올리고 재배한다. 종헌에는 술잔을 비우지 않고 그냥 놓아둔다. 첨작(添酌)은 유식(侑食)이라고도 하는데 축관(祝官)이 신위 앞에 나아가 꿇어앉은 뒤 우집사가 다른 술잔에 술을 조금 따라 축관에게 주면 축관은 좌집사에게 주어 종헌자가 드릴 때에 다 채우지 않은 잔에 세 번으로 나누어 첨작한다. 다음으로 메에 숟가락 바닥이 동쪽으로 가게 하여 꽂고 저를 고르는 삽시정저(揷匙正箸)를 한다. 이는 신에게 진지를 권하는 의식이다. 첨작과 삽시정저가 끝나면 제주는 두 번 절한다.

● 합문과 헌다

재배가 끝나면 참사자 일동이 방에서 나와 문을 닫는다. 이를 합문(闔門)이라 한다. 대청일 경우 뜰 아래로 내려와 조용히 3, 4분간(約九匙食間) 기다린다. 그러나 장소가 단칸방이거나 부득이한 경우에는 제자리에 조용히 엎드려 있다가 몇 분 후에 세 번 기침(三噫歆)하고 일어선다. 개문(開門)은 문을 여는 것으로 축관이 기침을 세 번 하고 문을 열고 들어간다. 대청일 경우에는 대청으로 올라간다.

차를 바치는 헌다(獻茶)는 주부나 장녀가 차를 우려 올리는 것이 원칙이나 숭늉을 사용하기도 한다. 갱과 바꾸어 올리고 메를 조금씩 세 번 떠서 말아놓고 정저(正箸)한 다음 참사자 일동이 2, 3분간 읍(揖)하고 있다가 큰기침을 하고 고개를 든다.

● 신 보내기와 제상 물리기

제주는 서쪽을 향하고 축관이 동쪽을 향해서 이성(利成)을 고한다. 다음에 숭늉그릇에 놓인 수저를 거두고 메 그릇 뚜껑을 덮는데 이를 철시복반(撤匙復飯)이라 한다. 이후 사신(辭神)을 하여 신을 보내는데, 참사자 일동이 두 번 절하고 신주를 사당으로 모신다. 지방일 때는 축문과 함께 불사른다. 철상(撤床)이란 모든 제수를 물리는 것으로 제수는 뒤에서부터 거둔다. 음복(飮福)은 조상께서 주시는 복된 음식이란 뜻으로 제사가 끝나면 참사자와 가족이 모여서 제수와 제주를 나누어 먹는다. 또한 음식을 친족과 이웃에 나누어주기도 하고 이웃 어른을 모셔다가 대접하기도 한다.

03 현대사회와 제사

현대 사회에서는 각자의 삶이 바쁘다는 이유로 온 가족이 한번 모이기도 쉽지 않다. 더구나 친지까지 모두 함께 모인다는 것은 특별한 경조사 때를 제외하고는 참 어려운 일이다. 제사를 지내는 날이 유일하게 온 가족이 모이는 날이다. 이런 귀중한 날에 서로의 안부를 전하고 맛있는 음식을 함께 먹으며 가족화합의 시간을 만들어 보는 것도 좋을 것이다.

● 제사 일시

언제부터인가 제사를 고인이 별세한 전날 오후 8시에서 10시 사이에 지내는 것이 보편화되었다. 통행금지, 산업화에 따른 출근 시간의 고려, 도시화에 따른 장소 협소 등의 영향으로 자연스레 그렇게 된 것이다. 그러나 기제사의 정확한 날짜는 고인이 별세한 날이다. 예문(禮文)에는 별세한 날 자시(子時)에 제사를 지낸다고 되어있다. 그러니까 자정(영시, 零時)부터 인시(寅時), 오시(午時)까지 날이 새기 전 새벽에 기제를 올리는 것이다. 물론 현대사회에서 새벽에 제사를 지내는 것은 여간해서 쉽지 않다. 귀가시의 교통편과 다음날 출근 등 여러 가지 문제가 있다. 새벽에 제를 지내는 이유는 귀신이 그 시간을 좋아해서가 아니라 그 시간이 하루 중 가장 조용하고 추모하기 좋은 시간이기 때문이다. 그러므로 여건상 새벽에 지내기가 도저히 어렵다면 돌아가신 날 저녁에 지내야 할 것이다. 돌아가시기 전날 제를 지내야 음식을 드신다는 등 확인되지 않는 궁색한 변명을 하지 말고 차라리 돌아가신 날 저녁에 제사를 지내는 것이 올바른 제사의 날짜와 시간이라고 하겠다.

● 위패와 지방

제사를 지낼 때 밤나무 위패(位牌) 대신 지방(紙榜)을 쓰는 경우가 있다. 가정 내 사당(祠堂)이 없어지고 위패를 넣어두는 감실(監室) 역시 도시화 과정에서 대부분 분실되어 요즘은 지방을 주로 쓴다. 지방은 제사 후 불태우는데 이것은 아마 축문을 태우는 망요례(望燎禮) 의식을 본받은 것이 아닌가 한다. 고려 충렬왕 때 위패 대신에 조상의 영정(影幀)을 사용했다는 기록이 있다. 즉 위패 문화가 우리나라에 정착된 것은 주자의 성리학 도입 이후라고 보는 것이 타당하다. 그렇게 보면 현대사회에서는 조상의 상징물로서 위패나 지방보다는 사진이나 초상화를 사용하는 것이 더 실제적이다. 사진 사용은 조상에 대한 후손의 추모에 더 현실감을 줄 수 있다.

● 여성의 제사 참여

어느 집안에서는 여성을 제사에 참여하지 못하게 하기도 하는데, 이것은 전통적인 우리의 예절서 모두를 놓고 보더라도 결코 바람직하지 못하다. 첫 잔은 제주가 올리고, 두 번째 잔 올리기 즉 아헌(亞獻)은 그의 부인인 주부가 하는 것이다. 제사는 남성만의 행사가 아니다. 옛 조상들도 그러했듯이 여성도 당당하게 제사에 참여하는 올바른 추모식이 되어야 한다. 나아가 현대에 와서 집안일이며 바깥일까지 모두 하느라 슈퍼우먼 역할을 하고 있는 부인을 이날만큼은 더욱 응원해주고 힘을 주고, 가족 모두가 제례를 주관하는 주인공이 되어 서로 협조해야 한다.

● 과일 차리기

제사 음식을 차릴 때 가장 논란이 많은 것이 과일 놓는 위치이다. 집안의 전통과 관습에 따르는 것이 옳은 일이지만 형식에 치우쳐 본질을 잃어버려서는 안된다. 붉은 것은 동쪽에 흰 것은 서쪽에 놓는다는 홍동백서의 음양론에 의한 주장이나, 대추는 씨가 하나이니 왕을 상징하고, 밤은 씨가 세 톨이니 삼정승을 상징하고, 감은 씨가 6개이니 6판서를 상징하고, 배는 씨가 많으니 만백성을 상징한다는 조율시이의 부귀론도 그 집안의 관습이요 가풍이니 남의 집 제사에 감 놔라 배 놔라 할 필요는 없다. 그러나 전통 예절서에는 果(과)로만 표시하고 있다. 그 계절에 맞고 조상이 좋아하시던 과일을 후식으로 생각하고 놓으면 법도가 없다고 욕할 사람은 아무도 없을 것이다. 제사는 추모식이다. 조상의 정신을 오늘날 이어받고자 하는 후손들의 정성이 담겨있는 의례이다. 이런 정신을 망각하고 형식론에만 치우치는 것은 제사의 본질에 어긋난다고 할 수 있다.

사회가 분화되고 개인의 이익과 편리를 중시하게 되면서
배려 역시 그만큼 중요해졌다.

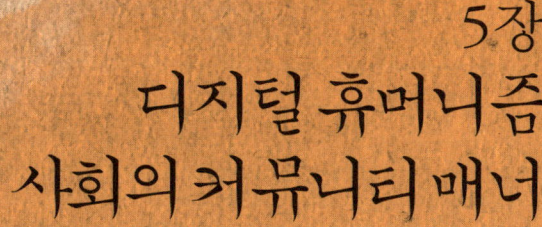

5장
디지털 휴머니즘 사회의 커뮤니티 매너

경혜영

1

서로를 배려하는
공공예절

우리 사회는 남을 배려하는 사회, 상생의 사회를 추구한다. 사회가 분화되면서 개인의 이익과 편리를 추구하는 경향이 커졌기 때문에 배려 역시 그만큼 중요해졌다. 한편으로 사회의 분화는 공동생활의 영역과 공공시설도 증가시켰고 그에 따라 지켜야 할 공중도덕도 많아지고 있다. 공공예절을 지키는 것은 사회 발전의 기본인 동시에, 타인뿐 아니라 자신에게도 도움이 된다. 정보화 시대와 디지털 휴머니즘 사회의 교양 있는 구성원으로서 또 문화 국민으로서 지켜야 될 커뮤니티 매너의 기본은 무엇인지 알고 실천해야 할 필요가 있다.

01 공공시설에서

공공시설은 공공의 목적을 위해 사회구성원에게 두루 이용되는 시설을 말한다. 우리가 상시 이용하는 버스, 지하철, 에스컬레이터, 놀이터, 병원, 공중 화장실, 공원 및 체육시설 등이 대표적인 예이다. 공공시설은 사회가 발달할수록 늘어나고 있고, 공공시설의 확충 및 더 나은 시설 환경에 대한 사회구성원의 요구도 커지고 있다. 사회 구성원들의 바른 공공시설 사용예절은 국민 후생을 더욱 증진함은 물론 개인의 인격과도 직결된다.

● 공중화장실

화장실은 사람들이 많이 모이는 장소 어디에서나 찾을 수 있다. 한 나라 문화 수준의 척도가 되는 곳이기에 깨끗하게 사용해야 한다.

화장실을 이용할 때는 입구에서부터 한 줄로 서서 차례를 기다리고 순서대로 화장실 문이 열리는 곳으로 간다. 화장지는 꼭 쓸 만큼만 사용하고 사용한 화장지는 쓰레기통이나 변기에 넣되 바닥에 흘리지 않도록 유의한다. 변기 속에 생리대 등 넣어서는 안 되는 것들은 넣지 않도록 하고, 나가기 전 변기에 이물질이 묻지 않았는지 한 번 더 확인한다. 손잡이 등 시설물을 파손하거나 벽에 낙서를 하지 않는다. 화장실 문고리가 고장이 나면 억지로 열려고 하지 말고 관리자에게 알린다.

경기도 고양시 일산 호수공원에서는 화장실 역사를 한눈에 알아보기 쉽게 '화장실 역사문화 전시관'을 개설해 놓았다.

● 에스컬레이터

에스컬레이터는 건물이나 시설물에 출입하거나 건물 내에서 층을 오르내릴 때 편리하게 이동하기 위한 시설이다.

사용자는 차례대로 안전하게 두 줄로 타야 한다. 에스컬레이터에서는 뛰거나 걷지 않으며 급하게 이동해야 할 경우에는 계단을 이용한다. 안전을 위해 손잡이를 잡고, 휴대폰은 사용하지 않는다. 옷이나 물건이 끼이지 않도록 주의하고 발 디디는 판에 앉지 않는다. 또한 핸드레일 밖으로 몸을 내밀지 않는다. 사고 발생 시에는 비상정지 버튼으로 작동을 멈추게 한다.

● 공원과 놀이터

공원, 유원지, 놀이터는 많은 사람들이 즐거움을 위해 찾는 곳이다. 그런만큼 다른 사람들을 배려하고 예의를 지켜야 한다. 사용자는 놀던 자리를 처음 온 상태처럼 잘 정리하고 지정한 장소를 제외하고는 쓰레기를 함부로 버리지 않는다. 특히 돌 틈이나 나뭇가지 사이 등 보이지 않는 곳에 쓰레기를 버리지 않는다.

쓰레기통이 준비되어있지 않은 장소에서는 자신이 만든 쓰레기는 자기가 다시 가져가야 한다. 국립공원 등에서 시행하는 에코마일리지 제도에 적극 동참하는 것도 좋다. 국립공원 에코마일리지 제도는 방문객이 자기 쓰레기를 되가져가거나 공원에 방치된 쓰레기를 수거해가는 경우 그 양에 따라 포인트를 적립해주는 전국민 환경정화활동이다. 누적된 포인트는 주차장, 대피소, 야영장과 같은 공원연계시설 이용이나 등산용품 구매에 사용할 수 있다.

● 대중교통

버스, 지하철 등 많은 사람들이 이용하는 시설에서는 언제든 돌발사태가 일어날 수 있다. 평상시 안전사고에 대비하는 방법을 숙지하도록 한다. 버스, 지하철을 탈 때는 무리한 승차를 하지 않는다. 내리는 사람이 먼저 내린 후 승차

하는 사람이 타는 것이 사고와 지체를 막는 방법이다. 버스를 탈 때는 앞문으로 타고 내릴 때는 뒷문을 이용한다. 이때 문을 막고 서 있지 않도록 주의한다. 지하철에서는 자리에 앉을 때 마주보는 사람에게 실례가 되지 않도록 다리를 모은다. 또한 옆자리를 침범하지 않도록 옷자락을 잘 여민다. 주변에 노약자가 서 있을 때는 노약자석이 아니라도 자리를 양보한다. 붐비는 차내에서 하차하기 위해 이동할 경우 "실례합니다."라고 주위 사람들에게 양해를 구한 후 움직인다. 배낭 등 부피가 큰 짐을 메고 있을 경우 다른 승객의 통행에 방해가 되지 않도록 짐칸에 올리거나 앞쪽으로 멘다. 내릴 역이 다가오면 두고 내리는 물건이 없는지 확인하고 미리 출구 근처로 이동하여 내릴 준비를 한다. 차내에서는 소란을 피우지 않으며, 불가피하게 대화나 전화통화를 해야 할 시에는 옆 사람에게 방해가 되지 않도록 작은 목소리로 말한다. 또한 비상시를 대비하여 손수건은 항상 준비하고 다닌다.

02 공공장소에서

꼭 사회기반시설이 아니라도, 여러 사람들과 함께 이용하는 장소에서는 지켜야 할 예의가 있다. 식당이나 백화점, 공연장과 같은 상업적 공간, 고궁, 서원, 정자와 같은 문화재, 강가나 계곡과 같은 자연 공간이 모두 공공장소에 속한다.

● 식당, 찜질방 및 숙박시설

질서를 지키며 실내에서는 조용히 한다. 청결한 상태를 유지하며 위생에 유의한다. 음식을 먹은 후에는 뒤처리를 잘 한다. 공용으로 사용하는 물품이나 설비는 함부로 다루지 않는다. 찜질방은 가족단위의 휴식 장소이므로 큰 목소리의 대화나 과도한 애정표현은 삼간다.

● 도서관과 독서실

순서대로 차례를 지켜 입장한다. 지정된 좌석에 앉고, 자리만 차지한 채 장시간 비워두지 않는다. 남의 공부에 방해가 되지 않도록 한다. 대여한 책이나 간행물은 본 후에 제자리에 두거나 기일 내에 반납한다. 휴대폰은 반드시 끄거나 진동으로 하고 도서관 내 어디서든 지나치게 오래 사용하지 않는다.

● 공연장과 전시장

가급적 복장을 단정히 갖춘다. 표를 살 때는 차례로 사고, 예매를 하거나 사전에 현장 구입해두는 것이 좋다. 금지된 물품은 반입하지 않는다. 공연 중 휴대폰은 꺼둔다. 특히 조용한 감상이 필요한 연주회 도중에는 휴대폰 울림이나 진동이 더욱 크게 들려 연주자와 관객 모두에게 방해가 되므로 반드시 유의한다. 검색 등 스마트폰 어플 이용 역시 화면 불빛이 관람을 방해하므로 하지 않는다.

전시관 내에서는 말을 적게 하고, 발소리가 크게 나지 않도록 주의하며 걷는다. 전시물에 낙서하거나 손대지 않는다. 관람 도중 작품에 대한 평가를 하지 않는다. 단, 질문 등 의견을 교환할 필요가 있을 경우 조용히 말하거나 밖으로 나가서 한다. 이어폰 등을 꽂은 채로 감상하지 않는다. 허락 없이 함부로 작품의 사진을 찍지 않는다.

● 마트와 백화점

많은 사람들이 모이는 혼잡한 곳이므로 서로 양보하며 예의를 지킨다. 자신의 소지품은 잘 챙긴다. 카트를 이용할 때는 앞에 사람이 있는지 확인하여 부딪

히지 않도록 한다. 일반 쇼핑카트에는 아이들을 태우지 않도록 하고 어린이 쇼핑카트를 이용한다.

● 문화재

　고궁, 서원, 정자와 같은 문화재 중에는 시민에게 개방된 장소가 많다. 문화재를 관람할 때는 방문하려는 장소에 대한 기본적인 지식을 미리 갖추도록 한다. 입장하거나 시설을 이용할 때에는 질서를 지킨다. 부지 내에서는 음주를 삼가며 춤이나 노래, 큰 소리로 일행을 부르는 등 소란을 일으키는 행위를 하지 않는다. 애완동물은 동반하지 말아야 하며 지나치게 노출한 복장도 좋지 않다. 꽃을 꺾거나 시설을 함부로 훼손하지 말아야 하며 역사적 유물 위에 올라가서 사진을 찍지 않는다.

　정해진 규칙과 제한된 사항을 잘 지키고 안내원 및 해설사가 있는 경우 지시에 잘 따른다. 다른 관람객에게 불편과 폐를 끼치지 않게 예의를 지킨다. 경내에 입장 시 라이터와 같은 인화물질을 휴대 혹은 반입하지 않는다. 떠날 때에는 머문 주변을 잘 정리하고 깨끗이 치운다.

● 자연 공간

　강, 산, 계곡과 같은 자연은 여럿이 함께하는 공간인 동시에 소중한 환경자원이다. 자연을 보호하고 다른 이용객을 존중하며, 안전에 관한 규칙을 준수한다. 과도한 음주와 지나친 노출은 각종 안전사고를 초래할 수 있다. 모처럼의 자유로움과 해방감에 취해 무질서한 행동으로 남에게 폐를 끼치지 않는다. 취사는 지정된 장소에서만 하고 사용한 장소는 깨끗하게 정리한다. 쓰레기는 정해진 장소에 버리며, 만약 쓰레기 버리는 장소가 없을 경우 수거해서 집으로 가져온다. 담배는 절대로 피우지 않도록 한다.

디지털 휴머니즘 사회를 위한 예절,
네티켓

인터넷과 이동통신의 발달은 인류 생활방식과 사고 및 가치관, 인간관계 등을 급격히 변화시킨 일대 혁명이라고 할 수 있다. 현대인을 디지털 노마드[1]라 부를 정도로 이동통신은 우리 삶의 방식을 바꾸어 놓았다. 이동통신은 현대인의 생활 각 분야에 없어서는 안 될 귀중한 정보의 원천임과 동시에 사람들에게 수많은 편익을 제공하고 삶의 질적 향상에 이바지하고 있다. 정보화 시대에 필요한 신속한 정보 수집과 교환이 용이해졌고 사회 각 분야에서 편리성이 증대되었으며 시간과 비용 절감을 통해 인류 삶의 질적, 양적 변화를 가져왔다. 더불어 누구나 정보를 공유할 수 있게 되어 평등의식이 강화되었고, 이전과는 다른 다양한 인간관계를 형성할 수 있게 되었다.

한편 어떤 문화이든 순기능이 있으면 역기능도 있게 마련이다. 사이버 공간에도 역기능은 존재한다. 개인의 사생활 침해와 개인정보의 유출이 커다란 문제로 대두되고 있으며 인터넷 상에서의 언어폭력, 해킹 등 정보 범죄, 지적재산권 침해 등 각종 사이버 범죄가 나타나고 있다. 사이버 공간의 무규범성과 익명

---

1 디지털 노마드(Digital Nomad) : 첨단 정보통신 기기를 활용해 정보를 생산하고 소비하는 21세기형 정보유목민.

성 문제, 인간 생명 및 육체의 경시, 음란한 목적으로 사용되는 가상현실 등은 인간의 경험을 상품화하려는 자본주의 경향을 더욱 확장시킬 것이며 이에 따라 무한한 가상공간을 먼저 차지하려는 신 문화식민지 쟁탈전이 전개될 것으로 예측된다.

　문제는 사이버 상의 순기능과 역기능을 얼마만큼 자신이 통제하고 잘 활용하느냐에 달려 있다. 디지털 휴머니즘 사회를 지향하기 위해서는 올바른 통신 문화 정립이 무엇보다 먼저 이루어져야 한다.

01 네티켓(Netiquette)이란?

　네티켓은 네트워크(network)와 에티켓(etiquette)을 합친 용어로, 인터넷이라는 가상의 공간에서 지켜야 할 예절을 말한다. 인터넷은 익명의 공간이기 때문에 더더욱 사용자 간에 예절을 지키려는 노력이 중요하다. 오프라인상에서 상대를 대면할 때처럼 상대방을 존중하는 마음가짐으로 대화하면서 문제를 해결해 나간다는 마음이 가장 중요하다.

　몇 년 전까지만 해도 네티켓은 지키면 좋은 권장사항 정도로 간주되어 왔다. 그러나 통신 매체가 급격히 발달하면서 상황이 달라졌다. 발달한 정보통신기술을 악용해 인간성을 방폐하고 인권을 유린하는 현상이 나날이 증가하고 있다. 페이스북이나 트위터 등의 SNS 서비스를 통해 비방글이나 굴욕사진을 유포하고, 사이버공간에서 언어폭력이나 따돌림을 자행하는 등 네트워크를 이용해 개인을 괴롭히는 일명 '사이버 불링(cyber bullying)' 사례들이 폭발적으로 증가하고 있다. 사생활 침해도 빈번하다. 법적 처벌이 필요할 정도로 심각한 사례들도 많다. 우리 삶에서 사이버 공간이 차지하는 비중이 커진 만큼, 네티켓은 더 이상 선택이 아닌 의무 사항이다.

신뢰할 수 있는 가상공간을 만들기 위해 인터넷 사용자는 자신의 실명을 밝힘이 바람직하다. 표준말과 고운 말을 사용하고 대면하여 이야기한다는 마음가짐으로 예의와 존중을 잃지 않는다. 대화방에 들어갈 때나 나올 때 인사를 하고 자신의 말보다 남의 말을 경청한다. 대화나 토론 중에 감정이 상하더라도 욕설이나 비방 등은 삼가야 하고 유언비어 유포나 타인의 명예를 실추시키는 언동은 하지 않아야 한다.

1994년 미국 플로리다대학교 버지니아 셰어 교수는 올바른 인터넷 이용을 위한 10가지의 '네티켓 핵심원칙'을 제시하였다. 이 원칙은 세계적으로 인정되는 네티켓의 기준이 되고 있다. 열거하면 다음과 같다.

① 사람임을 기억하라.
② 제 생활에서 적용된 것처럼 똑같은 기준과 행동을 고수하라.
③ 현재 자신이 어떤 곳에 접속해 있는지 알고, 그곳 문화에 어울리게 행동하라.
④ 다른 사람의 시간을 존중하라.
⑤ 온라인상의 당신 자신을 근사하게 만들어라.
⑥ 전문적인 지식을 공유하라.

⑦ 논쟁은 절제된 감정 아래 행하라.

⑧ 다른 사람의 사생활을 존중하라.

⑨ 당신의 권력을 남용하지 마라.

⑩ 다른 사람의 실수를 용서하라

'나는 선한 말과 선한 글과 선한 행동으로 아름답고 행복한 사회를 이룩하는데, 앞장 서 나갈 것을 다짐합니다.'[2]라는 선플 선언문처럼 사이버 상에서 활동하는 유저는 기분 좋은 댓글이나 긍정적인 댓글을 달기 위해 노력해야 한다.

02 사이버 폭력과 그 대책

사이버 공간은 익명성, 개방성, 신속성, 자율성, 확산성이라는 특성을 가지고 있다. 덕택에 다양한 층위의 사람들이 자연스럽게 어울리며 친분을 주고받을 수 있고, 새로운 정보와 지식의 흡수도 빠르다. 해외와의 교류도 용이하다. 하지만 이러한 특성 때문에 역으로 사이버 폭력은 피해자에게 더욱 치명적인 결과를 초래한다. 가해자를 쉽게 구별하기 어려울 뿐더러, 대개 횟수가 무한 반복적이고 무분별하게 이루어지고 피해의 범위도 광범위하다. 인터넷상에서 과도한 욕설이나 비방이 무차별적이고 무책임하게 유포되어도 말리거나 제재하기가 불가능에 가깝다.

---

2 선플 선언문, 선플운동본부, http://www.sunfull.or.kr

● 사이버 폭력 사례

사이버 폭력이란 정보통신 수단을 이용하여 글, 음향, 영상 등의 방법으로 불특정 다수 또는 특정인을 대상으로 폭력적인 표현과 행동으로 타인의 명예와 권익을 침해하는 행위이다.

특정인의 사생활이나 확인되지 않은 정보를 사실인 것처럼 올려서 상대방의 명예를 훼손하는 사이버 명예훼손, 욕설이나 무시하는 표현을 사용하여 상대방으로 하여금 수치심을 느끼게 하거나 인권을 침해하는 모욕, 상대방이 원치 않은 편지 보내기, 채팅 요구하기, 게시판을 이용하여 정보를 주는 등 나쁜 의도를 가지고 공포를 주는 사이버 스토킹, 인터넷상에서 음란한 대화를 강요하거나 성적 수치심을 주는 대화로 상대방에게 정신적 피해를 주는 사이버 성희롱, 성적인 욕설, 대화, 개인에 관련한 정보를 상대방의 의지와 관계없이 이용하여 상대방을 위협하거나 괴롭히는 사이버 성폭력, 몰래카메라, 촬영물 등 음란물을 유통 시키는 사이버 음란물 유통 등이 모두 사이버 폭력에 해당된다. 언어폭력의 사례를 살펴보자.

사례 1. K씨(여,27)는 얼마 전 컴퓨터 작업을 하던 중 전자쪽지가 오자 "바빠서 나중에 답신하겠다."는 메시지를 보냈으나, 바로 "네가 얼마나 잘났기에 쪽지를 보지 않느냐."며 성희롱과 같은 욕설을 담은 쪽지가 왔고, 이후 10여 일 간 그 사람으로부터 하루에도 몇 차례씩 같은 내용의 전자쪽지를 받아야 했다.

사례 2. 모씨는 주식회사 △△의 직원 채용에서 탈락하자 복수를 하겠다는 생각으로 △△의 웹 서버 관리자에게 "xxx들, 며칠 안에 너희 사이트를 박살내겠어.

기대하시라."라는 내용의 전자메일을 발송하여 시스템을 해킹하겠다고 협박하였다.

사례 3. 배 모 씨(56)는 방송인 B씨의 아들이 혼인 외 출생자라는 확인되지 않은 주장을 인터넷과 PC통신 등에 올렸다. 이 사건에서 법원은 배 모씨의 게시 내용을 허위로 판단하여, 배 모씨에게 징역 1년의 실형을 선고하였다.

(출처 : SC솔루션센터, 법무법인한길, 문정구 변호사)

위 사례들은 피해자가 각각 개인, 단체, 유명인이라는 차이는 있으나 모두 법적 처벌 대상인 사이버 범죄들이다. 특히 직접적인 공격이 아니라 해도 사례 3과 같이 공개된 장소에 비방을 퍼뜨리는 것 역시 사이버 폭력에 해당함을 염두에 두어야 한다. 다른 사람을 비방할 목적으로 인터넷상에 사실을 퍼뜨려 명예를 훼손한 경우 3년 이하의 징역이나 금고 또는 2천만 원 벌금이고, 허위 사실을 퍼뜨려 남의 명예를 훼손한 경우 7년 이하의 징역 또는 5천만 원이하의 벌금이다. 사이버 언어폭력은 형법 제311조에 1년 이하의 징역이나 금고 또는 200만 원 이하의 벌금에 처하도록 되어있다.[3]

● 사이버 폭력의 예방 · 대응책

사이버 폭력을 예방하기 위해서는 가해자와 피해자 양방의 인식 개선과 단호한 대처가 필요하다. 평상시에 사이버 폭력 신고 방법과 피해 신고 기관을 숙지하고, 사이버 폭력 사태가 발생하면 증거를 철저히 확보한 후 신고한다. 카카오톡

---

3 출처 : SCU 서울사이버대 "사이버에티켓"

등의 내용 전송을 함부로 하지 않으며 특히 자신이나 타인의 프라이버시를 침해하는 내용에는 유의한다. 카카오톡 왕따나 와이파이 셔틀, 게임 아이템 셔틀 같은 행위를 하지 않는다. 사이버 상에서도 싫을 경우 싫다는 의사를 분명히 밝힌다.

03 인터넷 중독과 스마트폰 중독

정보통신은 지식의 질적·양적 팽창을 도와주며, 개인에게 자기정체성을 표현하고 욕구를 충족시킬 다양한 기회를 제공한다. 올바른 정보통신기기 사용은 개인은 물론 사회, 국가 나아가 전 인류의 평화적 발전에도 큰 도움이 된다. 반면 음란물 유통, 사이버 폭력, 개인정보 유출, 컴퓨터 바이러스 유포, 해킹, 핵티비즘[4], 사생활 침해, 재산권 침해, 스팸 등 정보통신의 발달에서 비롯된 부정적인 영향 또한 적지 않다. 인터넷이나 스마트폰 중독 또한 그 하나이다. 과도한 인터넷 몰입은 인터넷 중독으로 이어질 수 있고 사용자를 현실에서 도피하게 만들거나 심할 경우 자아 붕괴를 초래하기도 한다.

가상현실이 놀랍도록 빠르게 확장되고 있는 현실에서 스스로 인터넷과 통신기기를 건전하게 사용하고 있는지 진단하고 대비할 필요가 있다. 인터넷·스마트폰 중독 진단 검사를 통해 내의 인터넷 사용 습관을 점검해 보자.

---

4 핵티비즘(hacktivism) : 자신들의 정치적 목적을 달성하기 위한 수단으로 특정 정부·기관·기업·단체 등의 웹
사이트를 해킹해 서버를 무력화하는 일련의 행위 또는 그러한 활동 방식.

● 인터넷 중독 진단

<table>
<tr><td colspan="5">인터넷 중독 진단 〈성인 자가진단용〉</td></tr>
</table>

성 별: 나이: 세

성명: 검사일: 년 월 일

▷▶각 문항이 자신의 행동을 나타내는 정도에 "O"표 하세요.

	내용	전혀 그렇지 않다	그렇지 않다	그렇다	매우 그렇다
1	인터넷이 없다면 내 인생에 재미있는 일이 하나도 없을 것 같다.	1	2	3	4
2	실제 생활에서도 인터넷에서 하는 것처럼 해보고 싶다.	1	2	3	4
3	인터넷을 하지 못하면 무슨 일이 일어났는지 궁금해서 다른 일을 할 수가 없다.	1	2	3	4
4	사이버 세상과 현실이 혼동될 때가 있다.	1	2	3	4
5	인터넷을 할 때 마음대로 되지 않으면 짜증이 난다.	1	2	3	4
6	인터넷을 하지 못하면 안절부절 못하고 초조해진다.	1	2	3	4
7	인터넷을 하는 동안 더욱 자신감이 생긴다.	1	2	3	4
8	일상에서 골치 아픈 생각을 잊기 위해 인터넷을 하게 된다.	1	2	3	4
9	인터넷을 하면 기분이 좋아지고 쉽게 흥분한다.	1	2	3	4
10	인터넷을 하면 스트레스가 해소되는 것 같다.	1	2	3	4
11	"그만 해야지" 하면서도 번번이 인터넷을 계속하게 된다.	1	2	3	4
12	일상 대화도 인터넷과 관련되어 있다.	1	2	3	4
13	해야 할 일을 시작하기 전에 인터넷부터 하게 된다.	1	2	3	4
14	일단 인터넷을 시작하면 처음에 마음먹었던 것보다 오랜 시간 인터넷을 하게 된다.	1	2	3	4
15	인터넷 속도가 느려지면 금방 답답하고 못 견딜 것 같은 기분이 든다.	1	2	3	4

	내용	전혀 그렇지 않다	그렇지 않다	그렇다	매우 그렇다
16	인터넷을 하느라 다른 활동이나 TV에 대한 흥미가 감소했다.	1	2	3	4
17	인터넷을 하면서도 죄책감을 느낄 때가 있다.	1	2	3	4
18	지나치게 인터넷에 몰두해 있는 나 자신이 한심하게 느껴질 때가 있다.	1	2	3	4
19	인터넷 사용을 줄여야 한다는 생각을 끊임없이 한다.	1	2	3	4
20	내가 생각해도 나는 인터넷에 중독된 것 같다.	1	2	3	4

상기 인터넷 중독 진단 결과는 총점에 따라 고위험 사용자군, 잠재적 위험 사용자 A·B 군, 일반 사용자군으로 분류된다. 총점은 (1점x개수)+(2점x개수)+(3점x개수)+(4점x개수)의 값을 계산하면 된다.

총점이 67점 이상이라면 '고위험 사용자군'에 해당된다. 인터넷 사용을 자기 의도대로 적절하게 조절할 수 없는 상태에 이른 경우로, 대부분의 시간을 인터넷을 하며 보낸다. 전문 치료기관에서 인터넷 병적 사용에 대한 집중적인 치료가 요구되는 단계이다. 식음을 전폐하고 씻지도 않은 채 인터넷에 몰두하고 며칠씩 외박하기도 하며, 심지어 현실과 사이버 세상을 구분하지 못하는 혼란을 경험한다. 인터넷을 못 하게 되면 심각한 불안, 초조, 짜증, 분노를 느끼고 폭력적인 말과 행동을 하는 등 감정 조절에 어려움이 있다. 가족갈등이나 대인관계 문제가 빈번하게 발생하고, 학사 경고를 받거나 직장에서 쫓겨나는 등 사회생활에 뚜렷한 장애가 있다. 현실보다는 인터넷이 생활의 중심이 되어, 가족이나 주변 사람들을 전혀 고려하지 않아 사회적인 역할을 수행하지 못하며, 하루 종일 인터넷에 빠져 있는 상태로 전문적인 치료가 시급하다.

총점이 54점~66점이라면 '잠재적 위험 사용자 A군'에 속한다. 정신건강 관련 분야에서의 전문적인 상담이 필요한 단계이다. 현실의 대인관계가 현저하게 줄어들면서 사이버 세계가 대인관계의 중심이 되고, 인터넷 과다 사용으로 인해 일상생활뿐만 아니라 학교나 직장에서도 지각, 지연 등으로 경고를 받는 등의 문제가 발생한다. 주변 사람들도 이러한 문제를 인식하기 시작하고 인터넷 사용에 대한 걱정과 염려, 잔소리를 표시한다. 인터넷을 사용할 수 없는 상황을 회피하게 되고 인터넷을 사용하지 못하는 상황에서는 불안, 초조, 짜증, 분노를 경험하며 수면부족, 피로감, 금전적 소비가 증가한다. 심지어 인터넷 사용과 관련해서 거짓말을 하거나 변명ㆍ합리화하고 자신의 인터넷 사용을 축소ㆍ은폐하려는 시도를 보인다. 최소한의 사회생활을 하지만 인터넷 사용 이전에 비해 뚜렷한 생활의 변화가 생기며 인터넷을 조절하기 위해서는 외부의 도움이 필요하다.

총점이 43점~53점이면 '잠재적 위험 사용자 B군'에 해당된다. 목적 외의 인터넷 사용시간이 늘어나기 시작하면서 잠재적인 문제가 발생할 가능성을 지니고 있기는 하나 현재 뚜렷한 문제없이 일상생활을 유지하는 경우이다. 건강한 인터넷 사용과 사회적, 직업적 기능 수행을 위해 스스로의 효율적인 시간관리가 요망되는 단계이다. 인터넷을 사용할 수 없는 상황에서 궁금함, 답답함, 약간의 짜증을 경험한다. 꼭 필요하지 않아도 습관적으로 인터넷에 접속하여 수시로 메일이나 방명록을 확인하고, 속도가 느리면 기다리지 못하고 재접속하거나 반복 클릭을 하는 등 인내심이 부족해진다. 업무에 지장을 초래할 정도는 아니지만 인터넷을 사용하느라 해야 할 일을 미루게 되어 처리가 늦어지거나 퇴근 후 남아서 일을 하게 되는 등의 다소간의 문제가 발생될 수 있다. 혼자 보내는 시간의 대부분을 인터넷을 통해 해결하려는 경향도 보이게 된다. 인터넷이 생활의 중요한 부분을 차지한다.

마지막으로 총점이 42점 이하인 '일반 사용자군'은 건전한 인터넷 사용자다. 인터넷을 자신의 흥미와 욕구, 목적에 맞게 사용하는 경우로 인터넷 사용 시간을 적절하게 조절할 수 있다. 원하는 목적을 이루고 나면 지체하지 않고 인터넷 접속을 종료한다. 필요에 의해서 인터넷에 접속하고 당장 인터넷을 사용할 수 없어도 그다지 불편함을 느끼지 않고 참고 기다릴 수 있으며, 인터넷 사용으로 인해 정서, 행동, 직업, 대인관계에 별다른 영향을 받지 않는 사용자들이다.

(출처 : 한국정보화진흥원 인터넷중독대응센터 홈페이지)

● 스마트폰 중독 진단

스마트폰 중독 자가진단은 다음 페이지의 표로 진단하고 아래와 같이 채점한다. 점수에 따라 고위험 사용자군, 잠재적 위험 사용자군, 일반 사용자군으로 분류한다.

1단계 : 문항별 총점은 '전혀 그렇지 않다=1점, 그렇지 않다=2점, 그렇다=3점, 매우 그렇다=4점'의 합으로 계산하되 문항 4번, 10번, 15번은 '전혀 그렇지 않다=4점, 그렇지 않다=3점, 그렇다=2점, 매우 그렇다=1점'과 같이 역으로 채점한다.

2단계 : ①1~15번 문항별 총점을 구했으면, 요인별로 ②1요인(1, 5, 9, 12, 15

성인 스마트폰 중독 자가진단 척도

_____년___월___일 　　연령___세 　　성별(남, 여) 성명_____

번호	항목	전혀 그렇지 않다	그렇지 않다	그렇다	매우 그렇다
1	스마트폰의 지나친 사용으로 학교성적이나 업무능률이 떨어진다.	1	2	3	4
2	스마트폰을 사용하지 못하면 온 세상을 잃을 것 같은 생각이 든다.	1	2	3	4
3	스마트폰을 사용할 때 그만해야지 하고 생각은 하면서도 계속한다.	1	2	3	4
4	스마트폰이 없어도 불안하지 않다.	1	2	3	4
5	수시로 스마트폰을 사용하다가 지적을 받은 적이 있다.	1	2	3	4
6	가족이나 친구들과 함께 있는 것보다 스마트폰을 사용하고 있는 것이 더 즐겁다.	1	2	3	4
7	스마트폰 사용 시간을 줄이려고 해보았지만 실패한다.	1	2	3	4
8	스마트폰을 사용할 수 없게 된다면 견디기 힘들 것이다.	1	2	3	4
9	스마트폰을 너무 자주 또는 오래 한다고 가족이나 친구들로부터 불평을 들은 적이 있다.	1	2	3	4
10	스마트폰 사용에 많은 시간을 보내지 않는다.	1	2	3	4
11	스마트폰이 옆에 없으면 하루 종일 일(또는 공부)이 손에 안 잡힌다.	1	2	3	4
12	스마트폰을 사용하느라 지금 하고 있는 일(공부)에 집중이 안 된 적이 있다.	1	2	3	4
13	스마트폰 사용에 많은 시간을 보내는 것이 습관화되었다.	1	2	3	4
14	스마트폰이 없으면 안절부절 못하고 초조해진다.	1	2	3	4
15	스마트폰 사용이 지금 하고 있는 일(공부)에 방해가 되지 않는다.	1	2	3	4

번) 합계 ③ 3요인(4, 8, 11, 14번) 합계 ④ 4요인(3, 7, 10, 13번) 합계를 계산한다.

총점이 ① 44점 이상이거나, ② 1요인 15점 이상, ③ 3요인 13점 이상, ④ 4요인 13점 이상 모두에 해당되는 경우 '고위험 사용자군'으로 본다. 스마트폰 사용으로 인하여 일상생활에서 심각한 장애를 보이면서 내성 및 금단 현상이 나타난다. 스마트폰으로 이루어지는 대인관계가 대부분이며, 비도덕적 행위와 막연한 긍정적 기대 심리를 나타내고 특정 앱이나 기능에 집착하는 특성을 보이기도 한다. 일상에서 습관적으로 사용하며 스마트폰 없이는 한 순간도 견디기 힘들다고 느낀다. 스마트폰 사용으로 인하여 학업이나 대인관계를 제대로 수행할 수 없으며 자신이 스마트폰 중독이라고 느낀다. 또한 심리적 불안정, 대인관계에서의 곤란, 우울한 기분 등을 흔히 느끼며, 성격적으로 자기조절에 심각한 어려움을 보이고 무계획적인 충동성도 높은 편이다. 현실세계에서 사회적 관계에 문제가 있으며 외로움을 느끼는 경우도 많다. 이처럼 '고위험 사용자군'은 스마트폰 중독 경향성이 매우 높으므로 관련 기관의 전문적 지원과 도움이 요청된다.

총점이 ① 40점 이상~43점 이하이거나 ② 1요인 14점 이상인 경우 '잠재적 위험 사용자군'에 해당된다. 고위험 사용자군에 비해 경미한 수준이지만 일상생활에서 장애를 보이며, 필요 이상으로 스마트폰 사용시간이 늘어나고 집착하게 된다. 이에 따라 학업에 어려움이 생길 수 있으며 심리적 불안정감을 보이지만 절반 정도는 자신이 아무 문제가 없다고 느낀다. 사용이 다분히 계획적이지 못하고 자기조절에 어려움을 보이며 자신감도 낮아진다. 이 유형은 스마트폰 과다 사용의 위험을 스스로 깨닫고 계획적인 사용을 하도록 조절하여 스마트폰에 중독되지 않도록 주의해야 한다.

총점 ① 39점 이하, ② 1요인 13점 이하, ③ 3요인 12점 이하, ④ 4요인 12점 이하에 해당되거나 고위험 및 잠재적 위험군에 속하지 않는 경우는 '일반 사용자군'으로 분류된다. 대부분이 스마트폰 중독 문제가 없다고 느낀다. 심리적 정서나 성격적 특성에서도 특이한 문제를 보이지 않으며, 자기 행동을 관리한다고 생각한다. 주변 사람들과의 대인관계에서도 충분한 지원을 얻을 수 있다고 느끼며, 심각한 외로움이나 어려움을 느끼지 않는다. 하지만 '일반 사용자군'도 스마트폰의 건전한 활용에 대한 자기점검을 지속적으로 수행할 필요가 있다.

(출처 : IT희망나눔 게임/인터넷중독예방상담센터)

● 인터넷 중독의 대응

인터넷 중독은 비교적 최근에 대두되었으나 전 세계적으로 파급되고 있는 문제이다. 따라서 많은 나라에서 저마다 예방, 치료를 위한 노력이 이루어지고 있다. 각국은 대학과 공공기관을 중심으로 인터넷 중독의 치료와 예방에 대한 연구를 진행하고 있으며, 인터넷 중독 치료 센터를 개설해 대면 상담이나 전화상담, 예방교육 등을 제공하고 있다. 또한 인터넷 도박, 아동 포르노 등 유해 콘텐츠에 대해서는 법적인 제재방안을 마련하는 등 엄정하게 대처하고 있는 나라가 많다.

국내에서도 정부, 대학, 병원 등 다양한 기관에서 인터넷 중독 예방과 치료 프로그램을 진행하고 있다. 정부는 인터넷중독대응센터[5]를 설립하여 진단, 온오프라인 상담, 가족 및 집단상담, 그 외 각종 치료 프로그램과 예방교육을 제

---

5 한국정보화진흥원 산하기관, http://www.iapc.or.kr/

공하고 있으며 인터넷 중독 예방·해소 캠페인도 펼치고 있다. 특히 청소년 인터넷 중독 문제에 적극적으로 대응하여, 전국 인터넷 중독 대응 지역협력망을 구축하고 병원, 청소년상담복지센터 등과 연계하여 다양한 중독치유 프로그램을 제공하고 있다.

인터넷과 스마트폰 중독을 예방하기 위해서는 학교와 사회 차원에서 어린이·청소년 시절부터 올바른 인터넷 사용법과 네티켓을 교육하는 것이 최선이다. 이미 중독 상태에 빠져들었다면 가족과 주변 사람들과 상의하고, 병원 혹은 정부지원 프로그램 등의 도움을 받아 사용습관 개선을 위해 노력해야 한다. 인터넷·스마트폰 중독은 ADHD, 우울증과 같은 질환과 공존하는 경우도 많으며 이 경우 공존질환의 치료를 병행하면 호전이 더 빠르다는 것도 알아두자.

다른 문화와의 소통은 그들의 문화에 대한
이해와 존중에서 시작된다.

6장
세계와 함께하기 위한
글로벌 매너

김현숙

1

바로 알고
떠나는 여행

국내여행 못지않게 해외여행이 보편화되면서 관련한 정보나 상식을 쉽게 찾아볼 수 있게 되었고, 성숙한 시민의식을 보여주는 여행자가 점차 늘고 있다. 그러나 미리 필요한 정보를 알아두지 못해 즐거워야 할 여행에서 떠나는 순간부터 난감한 상황에 처하거나, 여행 중에 실수를 저지르는 경우가 있다. 특히 나라와 나라 사이를 오갈 때 지켜야 할 절차에는 예외가 적용되지 않는다. 생각하지 못한 부분의 실수나 미비로 곤란을 겪는 일이 없도록 미리 준비하자.

01 여행 시 구비서류

해외여행을 떠나기 전에 여행자는 여권, 사증(VISA), 병무신고서, 항공권을 꼼꼼하게 챙긴다.

● 여권
외국으로 출국하는 국민에게 정부가 발급하는 증명서류가 여권이다. 여행자의 국적과 신분을 증명하고 해외여행을 허가하며 해외여행 시 해당 국가로부터 편의와 보호를 요청하기 위한 것이다. 여권의 종류는 일반여권(일반 복수여권, 일반 단수여권), 관용여권, 외교관여권, 취업 여권, 해외이주(이민) 여권 등이 있다. 보통의 경우에는 일반여권을 준비하면 된다.

여권은 출국 수속 및 항공기 탑승 시, 현지 입국 및 귀국 수속 시, 환전, 비자신청 및 발급 시에 필수적이다. 또 국제 청소년 여행 연맹카드(FIYTO)를 만들 때, 국제 면허증을 만들 때, 출입국 시 병역의무자가 병무신고를 할 때, 면세점에서 면세품 구입 시, 여행자 수표로 지불할 때, 해외여행 도중 한국으로부터 송금된 돈을 찾거나 렌터카를 임대할 때, 호텔에 투숙할 때에도 사용한다.

여권 만료일이 6개월 미만인 경우 입국이 거절되는 국가가 있으므로 유효기간이 6개월 이상 되는가를 반드시 확인한다. 여권의 영문 이름은 출입국관리의 중요한 근거자료이므로 주의해서 작성한다. 특히 항공권 발권 시 작성된 영문 이름과 여권에 작성된 이름이 일치해야 한다.

여권을 분실하면 제삼자에 의해 위·변조되어 악용될 수 있으므로 보관에 주의하여야 한다. 국내에서 여권을 분실하였을 경우 경찰서에 신고한 후 분실 신고서를 작성한다. 여권 분실 신고서, 여권용 사진 2매와 신분증을 가지고 가까운 여권 발급기관에 제출한 후 재발급받는다. 여권 재발급 신청 후에는 기존 여권은 자동으로 사용할 수 없게 된다.

해외에서 여권을 분실했다면 당황하지 말고 경찰서로 가서 분실 사실을 알리고 분실 증명서 혹은 폴리스 리포트(police report)를 작성하여 발급받는다. 이후 대한민국 대사관이나 영사관에 가서 임시 여권 역할을 하는 여행증명서나 1회에 한해 사용이 가능한 단수 여권을 발급받는데, 이때 준비물로 경찰서에서 발급받은 폴리스 리포트와 여권 사진 2매, 여권 재발급 신청서 및 사유서가 필요하다. 여권 사본이 없어 신분 증명에 어려움이 있다면 국내 신분증을 제시하면 대사관이나 영사관에서 본인 확인에 도움을 받을 수 있다.

● 사증(VISA)

사증은 방문하고자 하는 상대국의 정부에서 입국을 허가해 주는 입국 허가증으로 일명 비자(VISA)라고도 한다. 입국 시 사증이 필요한 나라일 경우에는 대사관에서 구비서류와 함께 발급을 받는다. 최근에는 여행객의 편의 도모를 위해 나라별로 상호 사증면제협정(Visa Waver agreement)을 맺어 체결국끼리는 단기간 여행 시 사증 없이도 자유로운 여행이 가능하다. 그러나 허용 기간을 초과하여 체류할 때는 반드시 체류목적에 맞는 사증을 발급받아야 한다.

● 병무신고서

25세 이상이나 병역의무를 마치지 못한 자, 또는 연령과 상관없이 현재 공익근무요원, 공중보건의사, 징병전담의사, 국제협력의사, 공익수의사, 국제협력요원, 전문연구요원/산업기능요원으로 편입되어 의무종사 기간을 종료하지 못한 30세 미만의 남자 여행객은 병무신고서를 제출해야 한다. 2008년 7월 15일부터는 인천공항을 제외하고 공항 · 만 병무신고서가 폐쇄되어 병역의무자는 국외여행허가증명서를 항시 휴대해야만 한다. 국외여행허가증명서는 병무청 홈페이지에서 출력 가능하며, 출국 당일에 법무부 심사대에 여권과 같이 제

출하고 확인받으면 된다.[1]

● 항공권

항공권 예약은 항공사 데스크 및 지점, 여행사에서 할 수 있으며, 직접 데스크를 찾거나 전화, 인터넷 등을 이용한다. 발급받은 종이 항공권은 반드시 소지해야 하며, E-Ticket[2]은 예약번호와 신분증으로 본인임을 확인한다. 항공권에 적힌 이름과 여권의 이름이 한글과 영문 모두 일치하는지, 도난 및 위조 항공권은 아닌지 살펴보고 중간기착지와 유효기간을 확인한다.

항공요금은 성수기와 비수기 간 차이가 있으며 개인요금 · 단체요금 간에도 차이가 있다. 출발지 공항에서 해당 항공사 담당 카운터에 가서 항공권을 탑승권으로 교환해야만 출국심사를 받고 항공기에 탑승할 수 있다. 항공권을 구입한 후 사용하지 않았을 때에는 환불받을 수 있으므로 항공권 유효기간 만료 30일 전까지는 환불 신청을 해야 한다.

종이 항공권 분실 시에는 각 항공사 지점에 방문하여 신고한다. 항공권 번호, 구매 장소, 분실 항공권의 목적지를 알고 있으면 신고절차를 간단히 할 수 있다. 또한, 만일의 경우에 대비해 항공권 사본을 만들어 보관하면 좋다. E-Ticket은 분실 시 본인 이메일에서 다시 출력하거나 팩스로 송부받는다.

---

1 이향정 · 고선희 · 오선미,《최신항공업무이론》, 새로미, 2010
2 E-Ticket : 기존의 종이 항공권과는 다르게 지점을 방문하거나 우편으로 항공권을 받을 필요 없이 개인 이메일로 받아 출력할 수 있는 온라인 정보 형태의 항공권이다. 세부 내역이 항공사 서버에 저장되어 있어 분실에 대한 부담이 적은 편이다. 하지만 간혹 출입국 신고와 세관 통과 시 E-Ticket 확인증 제시를 요청하는 경우가 있으므로, 모든 여행 일정이 끝날 때까지 잘 소지한다.

02 탑승절차

공항에 도착하면 탑승수속 및 좌석 배정, 위탁 및 개인 휴대 수하물 처리, 보안검색 및 세관신고, 법무부 출국심사(immigration), 검역(quarantine), 비행기 탑승의 절차를 거쳐 출국한다. 항공기는 버스·기차 등과 달리 수속부터 안전수칙과 이용수칙이 철저하므로 공항 도착부터 여유 있게 하도록 한다.

● 탑승수속과 좌석배정

공항에 도착하면 해당 항공사에서 운영하는 체크인 카운터로 이동하여 탑승수속을 하고 좌석 배정을 받는다. 항공권 예약 시 사전 좌석 배정 서비스를 이용하면 미리 본인이 원하는 좌석을 지정해 놓을 수 있어 유용하다. 다만 비상구 좌석 승객은 비상 탈출 시 승무원을 도와 신속히 승객의 탈출을 돕는 일을 해야 하기 때문에 건장한 남성이나 항공사 직원 등이 배정받는다.

항공기 탑승수속은 국내선인 경우 항공기 출발 20분 전에 마감하고, 국제선은 대한항공 기준 항공기 출발 40분 전에 마감한다. 미주·구주·중동·아프리카 지역 출발 항공편은 출발 1시간 전까지 탑승수속을 완료해야 한다. 항공사 규정에 따라 일부 공동 운항편은 탑승 마감 시간이 다를 수 있으므로 탑승수속 마감 시간을 확인하도록 한다. 사전 좌석 배정 제도 이용 시 국제선의 경우 1시간 30분 전, 국내선의 경우 30분 전에 수속을 마치지 않으면 지정했던 좌석이 변경될 수 있다.

● 수하물 처리

소지한 짐은 기내에 휴대하는 물품을 제외하고는 모두 체크인 카운터에서 위탁 수하물로 처리하여야 한다. 승객의 여정과 좌석의 등급, 항공사별 회원 등급 등에 따라 위탁 가능한 짐의 무게와 크기, 개수는 다르다.

위탁수하물(checked baggage)은 고객이 항공사에 탁송 의뢰하여 수하물표를 발급받은 수하물로, 무료 수하물 허용량은 미주 노선 일반석 기준 무게 23kg 이내, 가로 · 세로 · 높이의 합이 158cm 이내의 짐 2개가 가능하나 1개만 허용하는 항공사도 있다. 별도로 좌석을 구입하지 않은 유아의 경우 세 변의 합이 115cm 이하, 10kg 이하의 수하물 한 개와 카시트 혹은 유모차 한 개를 무료수하물로 위탁할 수 있다.

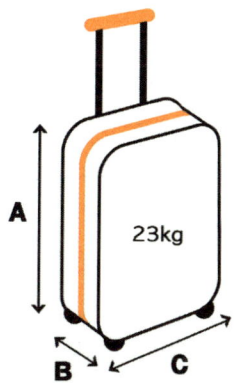

위탁가능 수하물 사이즈

휴대수하물(carry on baggage)은 고객이 직접 기내에 휴대하여 운송하는 수하물로 일반석 기준으로 무게 12kg 이내, 가로·세로·높이의 합이 115cm 이내의 짐 1개이며, 추가로 노트북 컴퓨터나 서류가방, 핸드백 등의 물품 중 1개가 허용된다. 화기, 무기, 독성 물질 등 운항 중 안전과 생명의 위협이 될 수 있는 휴대물품은 절대 기내에 반입해서는 안 된다. 파손되기 쉬운 물품, 부패성 있는 물품, 화폐, 보석류, 은제품, 유가증권, 기타 귀중품, 또는 중요한 서류, 의약품, 노트북, 카메라, 핸드폰, MP3 등의 개인 전자제품은 수하물로 위탁이 불가하므로 휴대하여야 한다. 휴대가 불가한 상기 물품은 직원에게 문의하여야 한다.

액체류는 기내 휴대 반입이 금지되어 있으나, 용기당 100㎖ 이하의 액체, 젤, 화장품류 또는 에어로졸은 휴대할 수 있다. 승객이 1ℓ 이하의 투명한 지퍼락(zipper lock) 봉지(20cmx20cm)에 넣어 보안검색 전에 검색담당자에게 제시해야 한다. 승객 1인당 지퍼락 봉투는 1개로 제한한다. 단 유아를 동반한 승객에 한해 유아용 음식과 액체 및 젤 형태의 의약품 등은 미리 휴대 사실을 알리면 용량에 관계없이 휴대가 가능하다.

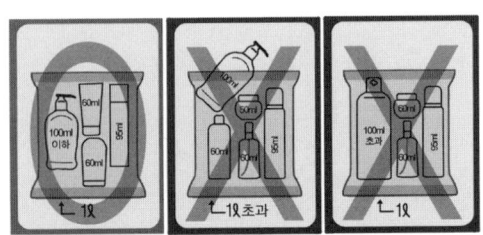

기내 반입 가능한 액체 및 젤 류 포장방법의 예[3]

---

3 이미지 참고 : 국토교통부&교통안전공단, 항공기 반입금지 물품 안내, 2014년 1월 1일 시행

● 보안검색 및 세관신고

2001년 9 · 11 항공기 테러 이후 보안검색의 수위가 높아졌다. 미주 노선의 경우 일반 국제선 노선에 비해 더욱 까다로운 보안검색을 시행하고 있다. 승객 및 승객의 휴대수하물, 총기류, 폭발물, 불법 외환, 기내 휴대제한 품목의 소지 여부를 체크한다.

여행 시 사용하고 다시 가져올 고가품이나 귀중품은 출국 전 세관 반출 신고대에 신고를 한 후 '휴대물품 반출신고(확인)서'를 받아야 입국 시 면세받게 된다. 원화, 외화 총합 미화 10,000달러를 초과하는 일반해외여행경비를 휴대 반출할 때는, 출국장 내 세관 외환신고대에 신고한 후 직접 가지고 출국할 수 있다. 출국 시 세관에 신고할 물건이 없는 승객 또는 세관신고가 끝난 승객은 정면에 위치한 보안 검색대에서 차례대로 보안검색을 받는다.

● 법무부 출국심사(Immigration)

출국심사대 앞의 대기선에서 기다리다가 자신의 차례가 되면 여권, 사증 소지 여부, 체류기간, 출국금지여부 등을 출국심사관에게 확인받는다.

● 검역(Quarantine)

예방접종 카드 소지 여부를 확인하는 절차이지만 대개 생략되는 경우가 많다. 단, 중남미 또는 아프리카 등의 지역으로 여행하는 경우에는 출국 10일 전에 예방접종을 받고, 국제공인 예방접종 증명서를 휴대하여야 한다.

● 탑승

출국심사를 마치면 면세점 이용이 가능하다. 일반적으로 국제선은 항공기 출발 40분 전(국내선은 15분 전)에 항공사 직원의 안내에 따라 항공기에 탑승한다.

03 입국절차

● 입국 시 필요서류

항공기 운행 중에 기내에서는 각종 신고서를 나눠주는데, 이것들을 미리 작성하면 입국이 편리하고 신속해진다. 2006년 8월부터 대한민국 내외국인 출입국 신고서는 폐지되었지만, 출입국관리사무소에 외국인 등록을 하지 않은 외국인은 개인당 한 장씩 출입국 신고서를 작성하여야 한다. 여행자 휴대품 신고서는 개인당 한 장씩 작성해야 하며, 가족이 함께 여행하는 경우에는 가족 대표 한 명이 작성한다. 신고할 물품이 없어도 작성해야 하며 각 항목에 '없음'이라고 체크하면 된다. 콜레라, 황열, 페스트 등의 전염병 오염지역으로부터 입국하는 승객과 승무원은 반드시 검역질문서를 작성해야 한다.

● 검역(Quarantine)

콜레라, 황열, 페스트 오염지역으로부터 입국하는 승객 및 승무원은 작성한 검역질문서를 입국 시 제출한다. 여행 중에 설사나 복통, 구토, 발열, 인후통, 호흡곤란 등의 증세가 있었다면 입국 시 검역관에게 신고해야 한다. 귀가 후에도 증세가 지속되면 검역소나 보건소에 즉시 신고해야 한다.

한편 동물, 축산물, 식물을 가지고 입국할 경우 국립수의과학검역원 및 식물검역소에 신고하여 검역을 받아야 한다. 또한, 수출국의 동물검역증 및 식물검역증을 제출해야 한다.

● 입국심사(Immigration)

입국심사대 앞에 도착하면 대기선 안에서 기다린다. 입국심사관에게 여권과 사증, 입국신고서를 제출하면 심사관이 해당 국가 입국 규정에 따라 여권 · 사증의 유효 여부, 입국 목적과 체류기간을 확인한 후 스탬프를 찍어 준다.

● 수하물 수취(Baggage Claim)

탑승했던 항공기의 지정된 수하물 인도장소를 찾아가 본인의 수하물을 찾아 세관검사대로 간다. 만일 자신의 수하물이 도착하지 않았거나 파손된 경우 분실 수하물 카운터에 가서 각 항공사 규정에 따라 처리하도록 한다.

● 세관검사

세관검사대는 입국의 마지막 통과 관문이다. 국가별로 면세 허용량이 다르므로 주의해야 한다. 수하물을 찾은 후 세관신고물품이 있는 경우에는 세관 검사대로 이동하여 물품과 여행자휴대품 신고서를 제출한다. 세관신고물품이 없는 경우에는 신고서를 제출하고 바로 심사대를 통과한다. 신고물품이 있는데도 자진신고하지 않은 경우, 관세법에 의한 처벌을 받게 된다.

해외여행자 휴대품 기본면세한도는 미화 600달러로, 이를 초과하지 않는 범위에서 주류는 1ℓ 이하 1병, 향수는 60㎖ 1병, 담배는 200개비까지 반입이 가능하다. 자가 사용품, 선물용품, 신변용품 등의 기타 물품도 미화 총 600달러 이하의 면세한도 기준에 따라 면세 반입이 가능하다.

04 항공기 기내에서의 승객 매너

항공기는 일반 대중교통과는 달리 엄격한 국제안전기준이 적용되는 공간인 동시에 최고의 서비스를 승객에게 제공하는 공간이다. 때로는 엄격한 기준 때문에 승객이 불편할 수도 있지만 본인과 동승한 많은 승객이 안전하고 편안하게 목적지까지 갈 수 있도록 협조하여야 한다.

● 일반 이용 매너

항공기에 탑승하면 티켓에 적혀있는 좌석을 이용하여야 하며, 좌석을 옮길 경우에는 먼저 승무원에게 허가를 받도록 한다. 지상에서 기내면세품, 스페셜 메뉴 등을 주문해 두었을 경우에도 좌석을 옮기기 전 승무원에게 이러한 사항을 알려야 원활한 기내 서비스를 제공받을 수 있다. 승무원을 부를 때에는 '승무원'이라는 호칭이 무난하며, 거리가 멀 경우에는 호출 버튼을 눌러 도움을 청한다.

항공기 이·착륙 시와 항공기가 심한 기류를 통과하여 흔들릴 때 벨트사인

(fasten seat belt)이 나오면 반드시 좌석에 앉아 벨트를 맨다. 또한, 예측하지 못한 기류 변화로 비행기가 흔들리기도 하니 비행 중에는 앉아있을 때도 벨트를 매야 한다.

담요, 헤드폰, 도서, 잡지 등의 기내 물품은 항공사의 자산이며 면세품이므로 외부 반출이 금지되어 있다. 사용 후 담요는 앉았던 자리에 두고 헤드폰, 도서, 잡지 등은 수거 시 돌려주도록 한다. 휴대폰 및 기타 전자제품은 항공기 비행 중 조종사와 관제탑 간의 교신에 장애를 일으킬 수 있으므로 기체가 완전히 멈출 때까지 휴대폰 전원을 켜지 않는다. 그 외의 통신용 전자제품도 이·착륙 시 전원을 끈다.

기내 화장실은 남녀공용이며, 화장실을 사용 중일 때는 빨간색으로 Occupied, 비어있을 때에는 녹색으로 Vacant라고 표시된다. 화장실을 이용한 후 버튼을 눌러 용변 내리는 것을 잊지 않도록 하고, 세면대는 뒷사람을 위해 페이퍼 타올로 깨끗하게 닦아준다. 또한, 이·착륙을 할 때, 기류를 통과할 때는 화장실 사용이 금지된다. 흡연은 기내화재와 기내오염의 원인이 되므로 항공기에서는 전 구간 금지이다.

비행 중에 신발을 벗고 양말 바람으로 기내를 돌아다니거나 맨발로 앉아있는 승객들이 있다. 이는 같이 여행하는 승객에게 불쾌감을 주는 행위이므로 중장거리 여행의 경우 미리 슬리퍼를 준비하고 편한 복장으로 항공기에 오르도록 한다. 착륙 후에는 여유를 갖고 기다리다 비행기가 완전히 멈춘 후 벨트사인이 꺼지는 것을 보고 일어나 짐을 꺼낸다. 앞좌석 승객부터 질서를 지켜 항공기에서 내린다.

● 기내 서비스

기내 서비스(in-flight service)는 비행 중 승객에게 제공하는 항공사의 각종 편의 서비스로 식·음료 서비스, 면세품판매, 영화상영, 기내오락 제공 등이 있다.

국제선을 기준으로 할 때, 기내에서 서비스되는 음료는 무알콜 음료와 알콜 음료가 있다. 무알콜 음료의 종류에는 생수, 주스류, 탄산음료, 차와 커피가 있고 알콜 음료로는 맥주, 와인류, 위스키류, 브랜디류, 리큐르류, 럼, 진, 보드카 등이 있다. 기내에서 술을 마실 경우 기압과 산소량 때문에 지상에서보다 빨리 취하니 무리한 음주는 삼간다.

식사 서비스(meal service)가 시작되면 뒷사람을 위해 좌석 등받이를 반드시 세워 원위치해둔다. 기내식 메뉴 중 자신이 원하는 메뉴를 선택하고, 식사나 음료를 받을 때 승무원에게 고마움을 표시한다. 복도 쪽 승객은 창 측이나 가운데 승객을 위해 음식 쟁반(tray)을 받아 건네주도록 한다. 기내식은 좌석 등급에 따라 차이가 있으며, 항공기의 출발과 도착 시간대, 비행시간, 주요 탑승객의 국적분포 등을 고려하여 제공된다.

기내 오락으로는 비행 관련 정보를 제공하는 에어쇼(air show), 음악, 영화 등이 있고, 노선에 따라 체스, 플레이카드, 바둑 등 취미를 즐길 수 있도록 물품을 제공하기도 한다. 퍼스트 클래스와 비즈니스석은 좌석에 개인용 위성전화기가 장착되어 있고 일반석의 경우 객실의 벽면에 위성전화기가 부착되어 있어 통화가 가능하나 요금이 비싼 편이다. 항공사에 따라 팩스 서비스를 제공하는 곳도 있다.

국제선 항공기에서는 기내면세품 판매 서비스를 제공한다. 사전주문제도 (ordering duty-free items in advance)를 이용한 승객은 먼저 물품을 받을 수 있다. 기내에서 제공하는 위생용품은 치약, 칫솔, 면도기, 여성용품 등이 있다. 노선의 특성에 따라 이륙 전에 개인 좌석에 슬리퍼, 치약, 칫솔 등이 준비되어 있는 경우도 있다.

● 기내 컨디션 관리

기내에서는 적정온도를 23~25℃ 정도로 유지하므로 얇고 긴 소매로 된 상·하의를 준비하면 춥게 느껴질 때 유용하다. 기내는 습도가 낮은 편이라 피부나 눈, 코의 점막 등이 건조해질 수 있으므로 유의한다. 소프트렌즈를 착용하는 승객은 안경으로 바꾸어 착용하면 안구건조를 예방할 수 있다. 수분 보충을 위해 기내에서 제공되는 생수나 주스 등을 자주 마시면 좋다. 다만 커피나 홍차 등은 몸의 수분을 더욱 잃게 하는 작용을 하고 탄산음료나 맥주 등은 가스를 생성해 위장에 부담을 줄 수 있으므로 적당히 마시도록 한다.

한자리에 앉은 상태로 장시간 비행하면 혈액순환이 느려져 발이 붓거나 간혹 하체에 혈액응고장애가 일어나 혈전증을 유발할 수 있다. 예방을 위해 비행 중 가벼운 스트레칭, 기내 통로 걷기, 간단한 마사지 등을 틈틈이 해주도록 한다. 또 기내에서의 식사는 가능한 한 가볍게 하는 것이 좋다. 기내식은 기내여행에 필요한 적정 칼로리를 고려하여 만들어져 있으니 참고하자.

시차가 6시간 이상 나는 지역으로 여행하는 사람은 시차증후군을 겪을 수 있다. 시차증후군은 장거리를 단시간에 여행하며 생기는 시차를 인체 리듬이 따라가지 못해 생기며 졸음, 피로, 식욕부진 등을 증상으로 겪을 수 있다. 비행 전날 충분히 숙면을 취하고 비행 중에 술은 금하는 것이 좋다. 멀미약은 사용법을 확인 후 공항에서 탑승하기 30분 전에 복용한다.

05 호텔에서

● 투숙 절차

호텔에 도착하면 우선 등록카드(registration)에 될 수 있는 한 모든 사항을 기재하고, 체크아웃(check-out) 시간을 확인해야 한다. 체크인(check-in)은 보통 오후 2시에 시작하고, 체크아웃은 오전 12시까지 마치도록 한다. 체크인과 체크아웃은 여유롭게 하는 습관을 갖는 것이 좋으며, 필요한 경우 사전에 필요한 서류를 준비하여 고객의 신속한 체크인/아웃을 돕는 익스프레스 체크인 · 아웃(express check-in/out) 서비스를 이용한다. 객실 열쇠는 호텔에 따라 일반 열쇠 혹은 카드 열쇠가 있으며 외출할 때에는 반드시 열쇠를 프런트에 맡긴다.

● 일반 매너

다른 투숙객에게 방해되지 않도록 복도에서 뛰거나 너무 큰 소리로 떠들지 않는다. 또한, 일행들이 한방에 모여 큰 소리로 웃고 떠드는 것도 조심한다. 객실 내 취사는 금지이다. 호텔 레스토랑 및 로비 등을 이용할 때는 지나치게 편한 복장보다는 세미 정장 정도를 입는 것이 좋다.

● 욕실 이용

욕조 안에서 샤워를 할 때에는 샤워커튼 자락을 욕조 안쪽으로 늘어뜨리고 샤워를 해야 물이 욕실 바닥으로 흐르지 않는다. 우리나라와는 다르게 욕실 바닥에 배수구가 없는 경우가 있으므로 주의한다. 욕실을 이용할 때 영어를 사용하는 국가에서는 찬물을 C(cold), 더운물을 H(hot)로 표시하지만, 프랑스, 스페인, 이탈리아 등에서는 찬물을 F(froid), 더운물을 C(chaud)로 표시한다는 점도 기억하자. 샤워 후에는 용도에 맞는 타월을 사용한다.

● 기타 서비스

객실로 식사나 차 등을 주문할 수 있는 룸서비스가 제공되며 레스토랑에 비

DD 카드

해 약 10%가량 요금을 더 낸다. 객실 내에 있는 냉장고와 미니바에 준비된 상품을 이용할 때는 계산서에 기록을 하고 체크아웃할 때 계산하면 된다. 생수는 무료이고 커피믹스, 차 등도 준비되어 있으니, 무료 여부를 확인 후 이용하는 것이 좋다.

하루에 한 번 룸메이드(room maid)가 해주는 객실 청소 서비스를 받을 수 있다. 룸메이드에게 주는 팁은 베개 밑 또는 침대 옆 스탠드 등에 두도록 한다. 만일 오전 시간에 객실 청소서비스로 방해받지 않고 싶다면 DD 카드(Do not Disturb Card)를 문 앞에 걸어두거나 방해금지(Do not Disturb) 버튼을 눌러 놓는다.

객실의 전화기에는 호텔 내선번호, 시내 전화, 국제전화 사용법이 표시되어 있으므로 확인한다. 호텔에 따라 객실 내 인터넷 사용이 가능하지만 유료인 경우가 있으니 미리 확인해야 한다. 객실 TV의 일반 채널은 해당 국가의 방송 채널이고, 자체 채널에서 유료 프로그램이 방송된다.

호텔 내의 빨래는 금지되어 있다. 세탁을 보내려면 옷장 안의 빨래주머니에 빨래를 넣어, 객실에 있는 세탁주문서에 필요사항을 기입하여 담당자에게 준다. 유료 서비스이며 반드시 세탁 완료시간을 확인해야 한다. 모닝콜은 기상 시간을 미리 데스크나 교환에 미리 알려주면 원하는 시간에 연락해주는 서비스이다. 모닝콜 서비스를 받으면 감사하다는 말을 잊지 않도록 한다.

● 팁 지불

팁(tip)은 'To Insure Promptness'의 약자이며 직역하면 '신속함을 보장받기 위하여'란 뜻이다. 즉 서비스맨에게 양질의 서비스에 대한 대가를 따로 지불하는 것이다. 우리나라는 팁 문화가 보편적이지 않지만 서구사회에서는 당연한 보수로 여긴다. 적당한 지불액은 경험자에게 묻거나 현지에서 확인하는 것이 좋고, 지나치게 많이 주는 것도 좋지 않다. 대체로 요금의 10~20% 정도를 지불하는 것이 적당하다. 호텔에서 룸메이드(room maid), 벨 맨(bell man)의 도움을 받거나 발레파킹(valet parking) 등의 간단한 서비스를 제공받았다면 1~2달러 정도 성의를 표시한다. 일본이나 우리나라는 호텔 숙박료에 봉사료가 일률적으로 포함되어 있다.

06 관광지에서

관광지는 나와 일행만이 온 것이 아니라 세계 각국의 사람들이 즐기기 위해

온 장소이다. 모두가 즐거워야 할 여행을 개인의 기분과 편리만 생각하여 이기적으로 행동하고 있는 것은 아닌지 생각해 보아야 한다. 또한, 문화적 관습은 일반화하려 해서는 안 되므로 잘 모르는 경우에는 다른 사람의 행동을 유심히 보고 따라 하는 것이 적당하다.

여행을 하면서 어디에서나 기본으로 지킬 사항은 사진촬영이 금지된 곳에서 사진을 찍거나 전시물을 만지는 행동은 삼가야 한다는 것이다. 관광지에서 자녀가 뛰고 소리 지르지 못하게 주의를 주어야 하며, 큰 소리로 멀리 있는 일행을 부르거나 언성을 높여 화를 내지 말아야 한다. 차내에서 냄새가 심한 음식을 먹거나 쓰레기를 아무 데나 버리는 행동을 해서는 안 된다. 앞좌석에 앉기 위해 경쟁하거나 좌석을 미리 맡아놓는 행동 등은 하지 않는다. 검표직원 없이 자율적으로 차표를 사서 승차하는 지하철 등에서 무임승차를 하다 적발된 경우 승차비의 몇십 배에 해당하는 벌금을 물게 되므로 주의한다. 여행사, 항공사 및 공공기관에서 반드시 줄을 서서 자신의 순서를 기다려야 한다. 직원이 다른 사람을 응대하는 중일 때는 간단한 질문이라도 순서를 기다렸다가 응대가 끝나면 질문한다. 지역, 인종, 민족에 따라 가치관은 다양하므로 현지인과 논쟁하려는 태도는 삼간다.

2

국가별 문화와
매너

해외를 방문하는 개인은 자신의 나라를 대표하므로 항상 말과 행동에 있어 주위에 대한 배려를 갖춰야 한다. 편안하고 보람찬 여행을 위해 방문하는 곳의 정보와 관광 매너를 숙지하는 것은 이제 누구나 가져야 할 상식이다. 같은 일이라도 나라마다 반응하는 방식은 다르기 때문에 그들의 문화를 미리 살펴보고, 소통에 주의하는 것이 관계를 맺는 데 도움이 된다. 타문화와의 소통은 그들의 문화에 대한 이해와 존중에서 시작된다. 다른 나라의 생활예절을 아는 것은 글로벌 시대에 자신의 가치를 높이는 또 하나의 수단이다.

01 아시아

● 중국

중국은 세계에서 3번째로 영토가 크고 인구는 13억이 넘는 거대한 나라이다. 56개 민족으로 구성된 다민족 국가로 다양한 언어, 다양한 습관, 다양한 문화와 예의를 가지고 있다. 빠른 개방과 개혁을 거치며 서구의 영향을 많이 받았지만, 옛 가치관이나 관습이 내면에 자리 잡고 있다.

인사를 할 때 악수를 하는 것은 일상적이지 않으며 하더라도 가볍게 해야 한다. 우리나라와 마찬가지로 성 다음에 이름을 쓴다. 발음이 어렵다면 물어보고 정확하게 발음하도록 노력하는 것이 좋다.

중국에서는 비즈니스 시 선물교환이 중요한 요소이다. 비싼 코냑, 특산품 혹은 회사 로고가 달린 기념품이 적당하다. 금귤 나무, 돈나무 등은 자손의 번성과 부(富)의 축적을 의미하므로 개업이나 집들이 선물로 좋다. 중국에서 죽음을 의미하는 괘종시계, 흰색과 청색 종류의 선물은 피한다. 꽃은 생명의 짧음을 의미하며 장례식에서 사용하므로 피한다. 우산은 이별, 손수건은 슬픔과 눈물의 상징이므로 선물로 적당하지 않다. 짝수는 길하고 홀수는 불길하다고 인식하므로 혼인식 축의금은 짝수, 부의금은 홀수로 한다. 초대는 그 자리에서 거절하지 않아야 하며 파티에 초대받았을 때는 먹을 것을 가져가지 않는 것이 예의이나, 좋은 술이나 차, 과일 등을 가져가 선물하면 좋아한다.

군사시설 등 촬영이 금지된 곳에서는 사진을 찍지 않아야 하며 위조지폐가 많으므로 환전소, 상점, 택시 등에서 주의한다. 타인의 짐을 들어 주었다가 마약 운반책으로 오해받을 수 있으니 절대 부탁받지 않는다. 외국인에게도 중국 법이 적용되는데 최근 한국인 마약사범이 중국에서 엄중히 처벌된 적이 있다. 매매춘은 법으로 금지되어 있고 적발되면 여권에 기록이 남는다. 길거리에서 파는 생수, 빙과류, 청과류 등은 위생 상태를 알 수 없으므로 사 먹지 않는다. 화장실 문을 잠그지 않는 경우가 많으므로 노크를 해보는 것이 좋다.

● 일본

전통과 현대, 동양적인 것과 서양적인 것, 동적인 것과 정적인 것이 공존하는 다양한 얼굴을 가진 섬나라이다. 사무라이 문화, 음식문화 등은 세계 문화에 영향을 주었고, 첨단 전자제품과 자동차 산업은 국가의 발전과 이미지를 긍정적으로 이끌었다.

일본인들은 만나고 헤어질 때 허리를 굽혀 인사하며, 가볍게 악수를 한다. 성 뒤에 '씨'를 의미하는 존칭 '상(sang)'을 붙인다. 예를 들면, 스즈키 상(Suzuki sang)이라고 부르고, 동료의 부인은 '옥상(oksang: 부인)', 극존칭을 할 경우에는 '옥사마(oksama)'라고 한다. 차를 마시고 명함을 교환하는 데 격식을 차리고, 상대방도 그러하기를 비란다.

선물에는 흰색 포장지와 흰색 리본은 쓰지 않으며, 칼을 선물하는 것은 관계 단절을 의미하므로 주의한다. 뿌리 있는 꽃은 병문안 갈 때 가져가지 않는다. 김, 김치, 건어물과 같은 식품과 도자기, 인삼 등 전통적인 선물을 좋아한다.

이들은 예의와 정직, 상대방을 존중하는 것을 중요시한다. 좋은 옷에 큰 가치를 두며 깔끔한 차림을 좋아하며 유행이나 상표에 관심이 많다. 나이, 가족관계, 혼인 여부 등 개인의 사생활에 대한 질문은 결례이다. 눈을 오랫동안 마주치지 못하면 무례하게 생각한다. 식대는 특별한 경우를 제외하고는 각자 지불한다. 집으로 초대하는 일은 드문 편이나, 초대를 받았다면 몇 번은 사양한다. 천황, 종교, 2차 대전과 같은 화제는 피한다.

● 태국

태국은 황금과 불교의 나라이며, 식민 지배를 받지 않았기 때문에 고유한 전통과 문화를 보존하고 있다. 그러나 일찍부터 유럽과 교류를 시작하여 동남아 국가 중에서 유럽의 영향을 많이 받은 나라이기도 하다. 적극적인 관광정책과 맛있는 요리 덕택에 해외 관광객이 많이 방문한다.

이들의 전통인사 '와이'는 손을 합장하여 얼굴로 올리는 것으로 높이 올릴수록 존경을 표현하는 것이다. 보통 아랫사람이 윗사람에게 먼저 한다. 호칭은 쿤(Khun) 뒤에 성을 뺀 이름을 붙여서 부른다. 선물을 받으면 그 자리에서 풀어보지 않는다. 가정의 식사에 초대되어 갈 때의 선물로는 꽃다발, 케이크, 과일이 무난하고 카네이션, 금잔화 등은 피한다.

국민들은 온화한 편이고 일상생활에서 급하게 행동하지 않는다. 빈부 차이를 인식하지 않는 민족이므로 경제력을 과시하지 않도록 한다. 또한 왕실에 대한 모욕, 왕과 왕비 사진에 대한 손가락질은 금기 사항이다. 왕궁, 사원을 방문할 때에는 샌들, 반바지, 짧은 스커트를 입고 입장할 수 없다. 불상을 함부로 만지거나 훼손하지 않는다. 머리에 영혼이 있다는 믿음이 있으므로 함부로 머리를 만지거나 쓰다듬지 말아야 하며, 문지방에 혼이 산다고 여기므로 가정집 현관을 들어갈 때는 문지방을 밟지 말아야 한다. 여성이 존중받는 문화가 있으니 여성을 경시하는 행동을 하지 않도록 유의한다. 여성 관광객은 승려에게 사진 촬영이나 악수를 청하지 않도록 한다. 도로 주행방향은 우리나라와 반대이다. 거리에 담배나 쓰레기를 버리면 벌금이 부과된다.

02 유럽

● 프랑스

프랑스는 축복받은 자연환경과 선조들이 남겨놓은 문화재 덕분에 전 세계 관광객들이 끊임없이 방문하는 곳이다. 자유·평등·박애의 정신을 사회의 근간으로 삼고, 근대 헌법의 근원을 만든 전통과 역사의 나라이다. 동시에 자유로운 사상과 예술, 패션의 나라이기도 하다.

인사를 할 때는 짧게 악수를 나누는 것이 보통이다. 친한 사이에는 양 뺨을 번갈아 맞대고 가볍게 키스한다. 지방에서는 이런 인사를 더 많이 하며 포옹은 잘 하지 않는다. 인사가 생활화되어있고 스킨십을 좋아하여 매일 만나는 사람과도 악수를 한다. 악수할 때는 손에 힘을 많이 주지 않으며, 보통 여자 쪽에서 먼저 손을 내민다.

국화나 카네이션은 죽음과 장례식을 의미하고 붉은 장미는 구애를 뜻하므로 선물로는 피한다. 향수 선물은 삼가고 초대받은 다음 날 감사카드를 보낸다.

자신의 감정, 생각을 솔직하게 표현하는 문화이며, 식탁에서는 대화를 즐긴다. 자국어에 대해 자부심이 높아 외국인이 간단하게라도 프랑스어를 쓰면 좋아한다. 와인에 대한 기본 상식도 관계를 부드럽게 하는 데 도움이 된다. 식당의 웨이터를 부를 때는 실례한다는 뜻의 "Pardon(빠흐동).", "Excusez-moi(익스큐제 무아)." 등의 표현을 쓴다.

남의 물건에 함부로 손대지 말아야 하며, 가게에서도 판매원의 허락 없이 물건을 만지는 것은 꺼림받는 행동이다. 관공서, 공공장소에 갈 때에는 정장을 입도록 한다. 택시는 정류장에서 잡도록 하고, 기사의 옆 좌석은 짐을 싣는 곳이다. 화장실을 이용할 때 요금을 지불하는 경우가 있으므로 관광할 때는 잔돈을 준비한다. 개를 아끼고 많이 키워 시내 곳곳에 개들의 배설물이 많으므로 조심한다.

● 이탈리아

로마제국의 영광을 고스란히 느낄 수 있는 로마, 르네상스의 중심지이자 메디치 가로 유명한 피렌체, 패션의 도시 밀라노, 르네상스 예술가들과 마피아로 유명해진 시칠리아 섬, 화산이 폭발한 폼페이, 해변이 아름다운 나폴리 등 수많은 관광명소가 있다.

처음 만났을 때는 악수를 하고, 조금 더 알게 된 후에는 포옹과 뺨에 키스하는 인사를 한다. 악수할 때 상대방의 팔꿈치를 붙잡는데 함께 있어 즐겁다는 의미이다. 직함을 잘 사용하고 이름 없이 직함만 사용하기도 한다. 직계가족 및 친족과의 결속력이 강하며 가족 전체가 모여 식사하는 전통이 있다. 선물을 할 때는 전통기념품 및 꽃다발이 적당하며 꽃은 미리 배달시키는 것이 좋다. 국화꽃은 장례식에 쓰이므로 가정에 선물하지 않는다. 아이들을 아끼는 문화가 있으므로 자녀가 있는 경우에는 아이를 위한 선물도 좋다.

성당, 교회 등을 방문할 때 소매 있는 옷을 입도록 한다. 손가락을 턱에 대었다 떼었다 하는 것은 귀찮다는 의미이고 자신의 귀를 만지는 것은 상대를 모욕하는 행동이다. 관광지에서 집시들의 소매치기가 성행하므로 로마를 관광할 때와 기차여행 중에는 특히 주의해야 한다. 식사 후에는 팁을 꼭 주도록 한다.

● 독일

유럽의 중심에 위치한 우수한 산업기술을 가진 나라이다. 근면하고 성실한 국민성을 지녀 맡은 일에 최선을 다하며 강인하다는 이미지가 있다. 튼튼한 자동차, 맛좋은 맥주 등이 유명하다.

만나고 헤어질 때 하는 형식적인 인사는 악수이다. 악수할 때 고개를 숙이지 않으며 강하고 짧게 움직인다. 악수할 때 꼭 상냥한 미소를 지을 필요는 없다. 가까운 사람에게는 예외이지만 잘 모르는 사람에게 미소 짓는 것은 바보스럽다고 생각하기 때문이다. 상대방의 직함을 불러 존경심을 표하고 성을 함부로 부르지 않으며, 명함교환을 선호한다. 여성을 존중하는 문화이기 때문에 여성이 방에 들어올 때는 자리에서 일어서며, 여성이 서 있다면 연령과 지위 등에 상관없이 남성 또한 서 있는다. 비즈니스 시에 선물을 하는 문화는 없으나, 꼭 하고 싶다면 부담이 덜 가는 한국의 특산품 정도가 좋다. 집으로 초대를 받았다면 안주인을 위한 선물을 준비한다. 선물 선택이 복잡하다면 고급 초콜릿 정도도 무난하다.

독일인은 시간을 지키는 것을 중요하게 여기며, 북쪽 지방의 사람일수록 더 엄격하다. 칭찬받는 것에 익숙하지 않고 받으려 하지도 않는다. 복장으로 사람을 평가하지 않지만, 공연장이나 파티를 갈 때는 정장으로 나선다. 대도시의 전시회나 문화행사는 예약이 필수이며 예약 취소 시 취소 수수료가 엄청나므로 주의한다. 축구나 그 지방의 맥주는 관계를 부드럽게 만드는 화제인 반면, 전쟁, 종교, 정치 등의 화제는 피해야 한다. 대체로 치안이 안정되어 있으나 공항이나 기차역 등에서 간혹 소매치기를 만날 수 있다. 화장실은 유료가 대부분이다.

03 미주와 오세아니아

● 미국

　미국은 세계의 다양한 인종들이 모여 사회를 구성하면서, 여러 문화가 융합되어 미국만의 새로운 문화를 창조해왔다. 세계의 정치 · 경제 · 문화에 영향이 크다.

　평소에는 악수하는 경우가 드물지만 처음 만났을 때는 손을 강하게 잡는다. 몸을 접촉하거나 포옹하는 인사는 잘 하지 않는다. 통상적인 인사말로 잘 지내느냐는 의미의 "How are you?"를 사용하는데 그 인사에 대해 솔직한 답변을 바라는 것은 아니다. 거리, 엘리베이터, 숙소 등에서 미국인과 눈이 마주치면 가벼운 인사를 한다. 비즈니스 선물은 작고 부담 없는 전통공예품이나 기념품 정도가 적당하다. 죽음을 의미하는 백합은 선물로 주지 않는다.

　공공장소에서나 차량 승하차 시 여성을 돕고 짐을 들어주는 등 여성에 대한 기본 배려를 잊지 말아야 한다. 비즈니스 시에는 직위가 높을수록 격식을 차린 의상을 입어야 한다. 때와 장소에 맞지 않는 의상을 입으면 대화에 끼지 못할 수도 있으니 주의한다. 실수로 남의 몸에 부딪히거나 피해를 주었다면 반드시 사과의 마음을 전한다.

　팁 문화가 정착되어 있어 요금의 10~20%를 팁으로 지불해야 한다. 실내에서 신발을 신는 것이 일상적이며, 남성은 실내에서 모자를 쓰지 않는다. 동성끼리 손을 잡거나 어깨동무를 하면 동성애자로 오해받을 수 있다. 레스토랑 접대는 공식적인 경우에 하며, 손님을 집으로 초대하여 파티를 즐기는 경우가 많다.

대도시에서 늦은 밤 외출을 할 때는 걸어 다니는 것은 위험하며, 택시 승차시 운전자의 옆자리는 운전자의 공간이므로 타지 않도록 한다. 운전 중에 법규 위반 등으로 경찰에게 적발되었을 때는 손은 핸들에 댄 채로 요구에 응한다. 면허증을 꺼낸다고 핸들에서 손을 떼면 총을 꺼내는 것으로 오해받을 수 있다. 겨울에 자동차 위의 눈을 잘 쓸어내고 운행해야 하고, 이를 지키지 않고 운행하면 벌금을 낼 수도 있다.

● 멕시코

전통과 현대, 유럽문화와 원주민 문화가 복잡하게 얽힌 나라이다. 태양과 달의 피라미드로 유명한 도시 유적과 마야족이 남긴 아름다운 유적이 있다. 이들은 포옹을 하며 등을 두드리는 '아브라조(Abrazo)'라는 인사를 한다. 일반적으로 악수를 하고, 남성들은 여성이 손을 내밀 때까지 기다린다. 악수할 때 힘을 주지 않으면 불신하므로 정성껏 힘을 주어 잡는다. 처음 만나는 사람도 멕시코어로 인사해주면 좋아한다. 안면이 있는 사이라면 가족의 안부를 묻는 것이 좋은 매너이다.

호칭을 중시하여 학위를 붙여 부르고 명함에도 학위를 넣는다. 명함의 이름 앞에 학위가 적혀 있지 않을 경우 남성은 '세뇨르', 기혼여성은 '세뇨라' 미혼여성은 '세뇨리타'로 부른다. 선물을 할 때는 저가품이라는 인식이 있는 은제품과 단절을 의미하는 칼은 하지 않는 것이 좋다. 죽음을 상징하는 보라색, 노란색으로 된 꽃이나 포장지도 피한다.

식사시간이 길고 많은 대화를 나누며 매너를 중시한다. 의상에 따라 다른 대우를 하므로 모임이나 공식파티에서는 정장을 하도록 한다. 신체접촉을 하거나 아이들의 머리를 쓰다듬는 것은 삼간다. 사진을 찍으면 혼을 빼앗긴다는 믿음이 있으므로 멕시코 사람을 촬영할 때는 상대방의 동의를 구해야 한다. 성직자를 비하하는 말은 하지 말아야 하고 욕을 하거나 큰소리를 치는 것도 금물이다.

사람들은 대개 친절하여 길을 물으면 적극적으로 가르쳐주려 하지만 잘 모르는 곳을 어림짐작으로 알려줄 때도 있으므로 길을 물을 때는 각기 다른 사람에게 여러 번 물어 확인한 후 찾아가는 것이 좋다. 수돗물을 그대로 마시지 않는 것이 좋고 식수는 미네랄워터를 사서 마시도록 한다.

● 브라질

남미에서 가장 큰 국가인 브라질은 지구의 허파라 불리는 아마존 밀림과 세계 최대의 폭포 이과수를 자랑한다. 커피와 삼바춤, 축구로도 유명하다. 인사를 나눌 때는 손에 힘을 주고 열정적으로 악수한다. 잘 아는 사이에서는 짧게 포옹을 하거나 뺨에 키스한다. 키스를 할 때 기혼자들끼리는 두 번, 미혼자들은 세 번 한다. 브라질 사람들은 깊고 오래된 관계를 중요하게 생각한다. 사업상의 선물로는 남성에게는 작은 전자제품, 여성에게는 향수가 적당하다.

대도시의 호텔은 5등급으로 분류하고, 대도시나 관광지에 비해 중소도시의 숙박비는 20~30% 정도 저렴하다. 다른 나라에서 흔히 OK의 의미로 사용되는 엄지와 검지 또는 엄지와 중지로 원을 만드는 제스처는 브라질에서는 성적 행위를 의미하므로 쓰지 않도록 한다. 식수는 미네랄워터나 음료수를 사서 먹는 것이 안전하다. 해가 진 후 혼자 거리를 걷는 것은 위험하며, 외국인은 거의 교통수단으로 택시를 이용한다. 시내 보행 시 정장을 입으면 외국 관광객으로 인식되어 범죄의 표적이 되므로 간단한 복장이 좋다. 브라질 강도는 물품만 주면 해를 끼치지 않으므로 반항하지 말고 시키는 대로 하는 것이 가장 안전하다.

● 오스트레일리아

오스트레일리아는 영국인들이 이주하여 근대 국가를 이루었으며, 여러 인종이 모여 특유의 다양한 문화를 만들어가는 나라이다. 나이가 많은 사람은 스타일이나 형식이 전통적인 반면, 젊은 층은 더 이상 전통을 신중하게 생각하지 않는다. 교육 분야가 특히 발달하였고, 교육에 관한 제도와 학문을 발전시켜 여러 나라에 수출하고 있다.

이들은 서로를 호칭할 때 사적인 만남에서는 성을 빼고 이름만 부르며, 공적 만남에서는 이름과 성을 다 부른다. 하지만 만난 지 얼마 지나면 이름만 부른다. 악수할 때 손에 힘을 주고 자신감 있게 하며 시선을 똑바로 맞춘다. 인사말은 "Good Day."를 쓴다.

비즈니스 시 뇌물로 생각될 만한 고가의 선물은 하지 않는다. 도로 주행방향은 한국과 반대이다. 버스를 이용할 때 앞자리는 장애인, 노약자를 위해 비워둔다. 대부분의 공공장소와 건물은 금연이다. 고급 레스토랑이나 음악회를 제외하고 의상은 반바지나 티셔츠 차림도 무방하다.

오스트레일리아는 자연 자원이 풍부하고, 캥거루나 코알라 등 특유의 야생동물이 서식해 이에 대한 관광 수요가 많다. 관광 시에는 안내인의 지시에 잘 따르고 위험한 행동을 삼가며 동물에게 함부로 가까이 가지 않는다.

● 뉴질랜드

뉴질랜드는 남서 태평양 지역의 섬나라로 다양한 지형, 독자적인 진화를 보여주는 생물군과 독특한 조류들을 지니고 있다. 선물을 바라는 것은 아니지만 기쁘게 받는다. 쓸모 있는 선물이면 더욱 좋고, 식사 초대의 답례로는 포도주 한 병 정도가 적당하다.

인구밀도가 낮은 까닭에 사람 만나는 것을 좋아하고 외국인에게도 우호적이다. 공공질서가 잘 지켜지는 편이며, 국민들은 신사적이고 신용을 중시하며 보수적인 경향을 띤다. 어린아이라도 정중하게 대하도록 하고 머리나 신체 부위를 쓰다듬지 않아야 한다. 운동 특히 럭비와 크리켓이 인기가 있어 관심을 가지면 좋은 화제가 된다.

지역별 기후에 주의한다. 강렬한 직사광선에 의한 피해를 막기 위해 선글라스 및 모자 착용은 필수이다. 물이 깨끗하여 수돗물은 마셔도 괜찮으나 호수나 시골의 목장 근처에 흐르는 물은 마시지 않는다. 촬영 금지구역에서 사진을 찍지 않는다. 낚시나 해산물 채취 시 어종별 수량을 초과하거나 크기 미달의 어류를 잡아서 처벌되지 않도록 주의한다. 밀수 및 마약 단속이 엄격하므로 공항에서 남의 짐이나 소지품을 대신 전달하지 않는다.

04 아프리카와 중동

● 케냐

케냐는 자연의 신비와 무한한 생명력을 보여주는 나라이다. 눈 덮인 킬리만자로, 야생동물의 천국 세렝게티 대평원, 나일 강의 발원지 빅토리아 호 등 자연의 모든 것을 담고 있으며, 각기 다른 역사와 전통 언어를 갖는 30개 이상의 부족이 함께 살고 있다.

현지인들끼리는 악수와 포옹을 나누지만, 외국인에게는 보통 하지 않는다. 시골에서는 양손으로 상대방 손을 감싸는 인사를 하는 경우도 있다. 케냐를 대표하는 전통 부족으로 유명한 마사이족은 방문객에게 아이들이 침을 뱉는 것이 환영행사이다. 물이 부족한 국가여서 침으로 손님을 맞이하는 것을 최고의 환영으로 여긴다. 관광객이 붐비는 곳 이외에서는 손님을 후하게 대한다. 선물로는 생필품이나 자국에서 가져온 전통적인 물건이 선호되며, 선물을 할 때는 겸손하게 건네야 한다. 선물을 받은 후 감사의 말을 하지 않는 관습이 있다.

사람을 부를 때 손바닥을 아래로 하고 손가락만 움직이는 게 아니라 손 전체를 움직인다. 공공장소에서는 배우자라도 신체접촉은 하지 않는다. 일교차가 심하므로 주의한다. 나이로비 이외의 장소를 방문할 때는 말라리아 예방백신을 미리 접종한다. 야생동물 관찰과 해변에서 휴양하기 적합한 시기는 12~1월과 7~8월이다.

● 사우디아라비아

세계 최대의 원유 생산국이며 매우 부강한 나라이다. 이슬람교가 처음 완성되고 발전한 곳이기도 하다. 인사로는 악수를 하며, 악수 후에는 오른손을 왼쪽 가슴에 얹는다. 악수를 할 때 오래 잡고 있는 것은 돈독한 우정의 표시이다. 중동을 여행하는 여성은 악수를 위해 아무 남성에게나 손을 내밀지 않는다. 상대보다 인사를 오래 하는 것을 미덕으로 여기므로 잘 받아주도록 한다. 알라 외에는 고개를 숙이지 않는 전통이 있다. "앗살라므 알라이쿰(당신에게 평화가 있기를)" 하면 "와 알라이쿰 살라(당신에게도 평화가)"라고 답하는 인사를 한다. 방문객은 길까지 배웅하는 문화를 갖고 있다.

이곳 사람들은 선물을 바라지는 않지만 받으면 좋아한다. 선물로는 특산품이나, 여성에게는 단장을 위한 물건 등이 좋다. 어른을 공경하고 손님을 정성껏 대접하는 전통이 있다. 음주는 내국인 외국인 모두 금하고 여성은 외국인도 외출할 때 검은 베일을 착용한다. 가족을 화제로 삼을 때에는 부인에 대한 질문보다는 자녀에 대한 질문이 적당하다. 시에스타(siesta)라는 낮잠 시간이 있는데, 이 시간에는 방문하지 않도록 한다.

아랍인의 집을 방문했을 때 그 집의 물건을 과하게 칭찬하지 않는다. 칭찬을 하면 그 물건을 주기도 하는데, 이런 경우에 거절하면 모욕적이라 생각한다. 매춘, 음주, 돼지고기 판매, 이자 놀이 등은 금기사항이다. 왼손은 부정하다는 인식이 있어 왼손으로 물건을 건네거나 악수, 식사 등을 하지 않는다. 발끝이 보이는 것을 무례하게 여긴다.

● 이스라엘

서아시아 지역의 유일한 유대교 국가이다. 예수 그리스도가 탄생하고, 십자가에 못 박혀 죽고, 부활한 장소가 모두 이스라엘에 있다. 수도 예루살렘은 그리스도교와 유대교 모두가 신성하게 여기는 곳이다.

대체로 "샬롬(Shalom)"이라고 말하며 인사한다. 공적인 장소에서는 이름과 직함을 불러 소개하고, 사적일 때는 성은 빼고 이름만 부른다. 마음에 없는 인사는 경멸한다. 선물을 가져가면 좋아하는 편이고 꽃이나 작은 선물 특히 향수를 좋아한다.

엄격한 유대교인은 검정 모자, 검정 외투, 검정 구두를 신으며 귀밑까지 머리를 기르는 것이 전통이다. 여자의 머리는 천으로 가리고, 양말을 착용해야 한다. 남자는 긴 바지, 여자는 긴 바지나 긴치마를 입어야 한다. 유대교 안식일인 샤밧(Sabbath)은 금요일 저녁 해가 지면서 시작되어 토요일에 해가 지면 마친다. 통곡의 벽은 남녀 따로 입장하며, 유대인 교회당을 방문할 때 남성은 작고 둥근 종이 모자를 빌려 쓰고 입장한다. 여성은 머릿수건을 쓰고 입장하며, 민소매 차림이나 노출이 있는 복장으로는 입장할 수 없다. 정장은 어두운 색상의 옷을 의미한다. 종교 복장을 한 사람을 촬영할 때는 사전 양해를 받아야 하며, 모스크나 성전은 촬영 금지구역이다. 축제일의 사진촬영도 금지이다.

맛과 멋의 조화,
테이블 매너

음식은 지역마다 재료와 요리 방법이 다양하고, 식사하는 매너 또한 다르다. 각국을 방문할 때 식사를 하지 않는 경우는 없으므로, 그 나라의 음식종류 및 특별한 그들만의 식탁문화를 익혀두어 조금 더 그 나라의 문화를 즐겼으면 한다. 우리나라에서도 사 먹을 수 있지만, 현지에 갔을 때 음식의 이름과 특징을 안다면 한결 여행의 흥을 느낄 수 있을 것이다.

01 한식

동방예의지국이라는 칭송을 받았던 나라인 만큼 식사예절 역시 중히 여긴다. 한식은 오랜 전통과 역사를 가지고 있으며 지방마다 다양한 음식문화를 보여준다. 공통적으로는 푸짐해 보이면서도 정갈하고, 여러 가지 양념을 곁들이는 것이 특색이다. 또한 '음식은 손맛'이라는 말이 있을 정도로 손끝에서 우러나는 감칠맛이 두드러진다.

● 한국인의 식사예절

우리 식사예절에는 곳곳에 웃어른에 대한 공경이 스며들어 있다. 어른보다 먼저 식사를 시작하지 않으며, 식사 속도도 어른에게 맞춘다. 어른이 식사를 마치고 일어서면 따라 일어선다. 맛있는 음식은 어른 가까이 놓아 드려 편하게 드시게 한다. 밥그릇은 왼쪽, 국그릇은 오른쪽에 놓으며, 숟가락과 젓가락을 국그릇의 오른쪽에 둔다. 숟가락 젓가락을 한꺼번에 들고 사용하지 않으며 밥은 안쪽부터 먹으며 국은 그릇째 들고 마시지 않는다. 식사는 조용하게 하며 대화는 입안의 음식을 삼킨 후 한다. 국에 밥을 말아 먹지 않고 반찬을 골고루 먹으며, 위생을 위해 음식을 뒤적거리거나 집었다 놓지 않는다.

● 상차림

한식의 상차림은 반상, 면상, 주안상, 교자상 등으로 나눌 수 있다. 반상이란 밥과 반찬을 갖추는 상이다. 반찬의 가짓수에 따라 3첩 반상부터 5첩, 7첩, 9첩, 12첩 반상이 있는데 밥, 국, 김치, 장류 등의 종지는 첩 수에 넣지 않는다. 7첩 반상이나 9첩 반상이 가장 많이 차려지고, 9첩 이상은 고급반상이다. 상을 받는 사람의 수에 따라 외상, 겸상, 3인용 겸상으로 차린다. 받는 사람의 신분에 따라 아랫사람에게는 밥상, 어른에게는 진짓상, 임금님에게는 수라상이라고 부른다.

면상은 점심 같은 때에 간단히 국수류를 차리는 별식 상이다. 온면, 냉면, 떡국, 만둣국 등을 주식으로 하고, 배추김치, 나박김치, 생채, 숙채 등을 차려낸다. 주안상은 적은 수의 손님에게 약주 대접을 할 때 차리는 술상이다. 교자상은 혼례, 회갑 등의 잔치나 명절 때 차리는 큰 상으로 음식의 재료, 색채, 조리법이 중복되지 않도록 하는 것이 좋다.

다과상은 후식상일 경우와 식사시간 외에 다과만을 내는 경우 두 가지가 있다. 후식상에는 간단히 한두 가지 계절과일을 준비하고, 다과상만 낼 경우에는 떡과 한과류를 많이 준비한다. 돌상은 아기가 태어난 지 만 1년이 되는 날 생일을 축하하는 상차림이다. 제사상은 고인이 돌아가신 전날 고인을 추모하는 의미에서 모시는 상이다. 자세한 내용은 4장을 참고한다.

● 외국인에게 한식을 대접할 때

현대에는 비즈니스 사교 영역이 확장되고 외국인과의 대면이 많아져 외국인에게 우리의 음식을 대접할 기회가 많다. 전통 상차림을 하기도 하지만 요리는 우리 음식으로, 접대 방식은 서양식으로 하기도 한다.

국은 건더기를 적게 해서 준비하고, 디저트는 수정과, 식혜, 오미자차 등 전통 음료나 차를 준비하여 우리의 맛을 느끼게 한다. 마늘을 너무 많이 넣지 않는다. 반찬이 전반적으로 짜고 매운 것이 특징이므로 이에 익숙하지 않은 외국인 접대 시에는 조리법에 더욱 신경 써야 한다.

전채, 밥, 고기요리, 음료, 후식을 한꺼번에 차려내어 자유로이 종류와 양을 조절하여 식사하도록 한다. 초대된 손님이 많다면 뷔페 스타일로 대접하는 것도 좋다. 뷔페로 준비할 때는 음식 가짓수를 많이 준비하는 것도 좋지만, 자신 있게 할 수 있는 요리 4~5가지 정도로 가짓수를 줄여 장만하는 것도 좋다. 외국인을 배려하여 수저와 포크를 함께 준비한다. 청결에 주의하고 즐겁게 식사할 수 있도록 분위기에 신경 쓴다.

02 양식

양식 테이블 매너는 19세기 영국 빅토리아 여왕 시대에 완성되었으며, 식사 예절인 동시에 개인의 교육수준과 가정환경 평가 잣대로 여겨진다. 테이블 매너는 자신은 요리를 맛있게 먹고, 동석한 사람이 식사를 즐길 수 있도록 배려하기 위한 것이다. 그러므로 기본규칙을 지키면서 편안하고 자연스러운 태도가 가장 적절하다.

● 방문과 착석 매너

레스토랑을 이용할 때는 사전에 예약하고 시간을 지켜야 한다. 오래전 예약을 했다면 전날 예약을 재확인하고, 기념일에 특별한 서비스가 가능한지의 여부나 좌석 배치도 사전에 확인한다. 시간이 걸리는 요리는 미리 주문해 놓고, 변경사항은 미리 연락해 주도록 한다.

격조 있는 호텔 레스토랑이나 일급 레스토랑을 방문할 때는 복장에 신경을 쓴다. 남성은 넥타이에 상의를 착용하고 여성도 격식을 갖춘다. 휴양지에서나 격식을 차리지 않는 레스토랑에서는 편히 입어도 무방하다.

식당에 들어갈 때는 남성은 문을 열어 여성을 먼저 들어가게 하고, 레스토랑 안내인의 안내를 받기 전에는 입구에서 기다린다. 안내된 자리가 마음에 들지 않으면 다른 자리로 안내해달라는 의사표시를 한다. 식사할 때 불편한 가방, 모자, 코트, 큰 짐 등은 보관소에 맡긴다. 여성은 핸드백을 소지해도 무방하다. 레스토랑에서는 안내인이 제일 먼저 상석의 의자를 빼주므로, 그 날의 주빈이 그 자리에 앉는다. 대체로 전망이 좋은 자리가 상석이 된다. 사람들이 지나다니는 통로나 출입문에서 가까운 곳은 좋은 자리가 아니다. 부부가 동시에 상석에 앉지 않도록 한다. 지정석이거나 개인의 이름이 쓰인 네임카드(name card)가 놓여 있다면 본인의 좌석에 앉는다.

　서양은 여성존중 사상이 매너의 기본이다. 무거운 짐은 남성이 들어주고, 불이 꺼진 곳에 들어갈 때 남성이 먼저 들어가 불을 켠 후 여성이 들어가도록 한다. 또한 착석도 여성이 먼저 한 후 남성이 한다. 자리에 앉을 때 종업원이 없다면 남성이 여성을 돕는다. 식탁에 앉을 때는 의자 뒤쪽으로 깊숙이 앉아 상체를 세우고 단정하게 앉고, 아무것도 하지 않는 손은 테이블 위에 얹어 놓는다. 팔꿈치는 가볍게 몸에 붙인다. 양다리는 되도록 붙이고 다리는 꼬지 않는다.

● 냅킨과 나이프, 포크 사용법

모든 사람이 자리를 잡고 앉은 후 세팅된 냅킨을 무릎에 펼쳐 놓는다. 냅킨은 입과 입술을 닦거나 핑거볼(finger bowl) 사용 후 물기를 닦을 때, 손가락에 찌꺼기가 묻었을 때 사용한다. 립스틱을 냅킨으로 닦지 않는다. 식사 중 자리를 뜰 때 냅킨은 테이블 접시 밑이나 의자 위에 놓으며, 의자 등받이에 걸치지 않는다. 식사가 끝난 후에는 대충 접어 테이블 위에 놓는다.

접시의 오른쪽에 나이프, 접시의 왼쪽에 포크가 세팅되며 각각 3개 이내로 놓인다. 그 이상이 필요할 때는 요리가 나올 때마다 나이프와 포크가 제공된다. 왼손잡이도 나이프는 오른쪽 포크는 왼쪽에 잡는다. 식사를 잠시 멈출 때에는 접시 둘레에 나이프와 포크를 여덟 팔 자(八)가 되도록 놓아 접시를 치우지 않도록 표시한다. 이때 나이프 날은 안쪽을 향하고 포크는 등이 위로 오도록 놓는다. 식사가 끝났을 때에는 접시 중앙의 윗부분에 나란히 놓는다.

식사 중   식사 마침

● 식사 매너

식탁에 나오는 요리에는 빵, 와인, 전채요리, 수프(soup), 샐러드, 스테이크, 생선, 소스, 디저트가 있다. 빵은 코스 사이사이에 혀를 씻어주어 음식의 맛을 제대로 느낄 수 있게 해주며, 요리와 함께 시작해서 디저트를 들기 전에 끝낸다. 왼쪽에 놓인 것이 나의 빵 접시이므로 혼동하여 남의 접시에 손대지 않도록한다. 빵은 포크나 나이프로 자르지 않고, 한입 크기로 손으로 잘라 먹는다. 버터를 바를 때는 빵 전체에 바르지 않고, 한입 크기로 빵을 뜯어서 바른다.

와인은 육류가 메인요리인 서양식에서 빠져서는 안 되는 알칼리성 음료이다. 입안의 음식을 다 삼키고 입 주위를 닦은 후 마셔야 음식물과 와인이 섞이지 않고 와인 특유의 풍미를 제대로 느낄 수 있다. 요리와 함께 마시기 시작해디저트 전에 끝낸다. 글라스에 있는 와인은 다 마시는 것이 예의이고 와인을하지 않거나 그만 마실 의향이면 글라스 가장자리에 손을 얹고 사양의 뜻을 전한다.

식사 전에 식욕을 돋우기 위해 가볍게 먹는 전채요리는 적은 양만 제공되는데 이는 메인요리를 제대로 맛볼 수 있게 하기 위함이다. 수프는 포타주(potage)라는 진한 수프와 콩소메(consomme)라는 맑은 수프로 나뉜다. 포타주에는 담백한 요리가 어울리고, 콩소메에는 진한 맛의 메뉴가 어울리므로 코스가 많은정찬 요리에 적당하다. 수프가 너무 뜨거울 때는 입으로 후후 불지 않고 스푼으로 저어 식힌다. 손잡이가 달린 수프 그릇을 손으로 들고 마시지 않도록 한다.

샐러드는 생야채에 드레싱을 부어서 먹는 음식이다. 알칼리성이 강해 산성이 강한 고기를 중화하는 효능이 있다. 영국이나 미국에서는 샐러드를 고기와 같이 먹거나 고기를 먹기 전에 먹고, 프랑스 사람들은 고기를 다 먹고 샐러드를 먹는 것이 습관이다. 샐러드에 사용하는 소스인 드레싱(dressing)은 크게 프렌치드레싱과 마요네즈 드레싱으로 구분한다.

스테이크는 굽는 정도에 따라 맛이 달라지므로 본인의 취향에 맞게 주문한다. 레어(rare)는 표면만 살짝 구운 것으로 고기의 중심 부분은 붉은색으로 날고기 상태에 가깝다. 미디엄(medium)은 중간 정도로 구운 것으로 중심 부분이 모두 핑크색을 띤다. 웰던(well-done)은 표면을 완전히 구웠으며 중심 부분도 충분히 구워 갈색을 띤 것이다. 고기를 미리 다 잘라놓으면 육즙이 사라지므로 권장하지 않는다. 생선은 위쪽을 먹은 후 뒤집지 말고 나이프로 뼈를 살과 발라놓고, 나머지 생선의 살을 잘라 먹는다.

소스는 메뉴에 따라 요리에 얹거나 찍어서 먹는다. 고기 위에 뿌려진 묽은 소스는 직접 요리에 얹는다. 생선요리의 마요네즈 소스, 타타르 소스 등의 진한 소스는 뿌려 놓으면 요리 본래의 맛을 잃을 수 있으므로 접시 한쪽에 덜어놓고 조금씩 찍어 먹는다. 오리고기는 오렌지 소스가 어울리고, 돼지고기에는 파인애플 소스, 양고기에는 민트 소스가 잘 맞는다.

식후의 디저트는 달콤하고 부드러운 과자, 케이크, 과일 등이 나온다. 수분이 많은 과일인 멜론은 스푼으로 먹는다. 만일 씨가 있다면 스푼에 뱉어 접시에 놓는다. 포도는 손으로 먹어도 되며, 딸기는 한 알씩 스푼으로 먹는다. 식후 커피는 진한 것으로 조금 마신다.

● 주의할 사항들

레스토랑에서는 식탁에 앉자마자 주문하기보다는 메뉴판을 천천히 보는 것이 좋고, 메뉴 특징을 숙지하여 주문 시 순서대로 한다. 생소한 음식은 종업원에게 묻는다. 주문은 적당히 하고, 대접을 받을 때에는 상대방의 경제적 사정을 고려하여 중간 정도 가격대의 음식을 고르는 것이 좋다. 주류는 상대방과 맞추는 것이 좋으나 반드시 같아야 하는 것은 아니다. 비즈니스 자리에서는 뼈, 가시 등이 많은 음식 등 먹기 불편한 메뉴를 주문하면 곤란하다. 건배할 때 적당한 문구를 미리 생각해 놓는 것도 좋다.

동양에서는 여럿이 먹을 때 다른 사람의 음식이 나오기를 기다렸다가 함께 먹지만, 서양요리는 자신의 음식이 나오는 대로 먹기 시작한다. 서양요리는 먹기 좋은 온도일 때, 그리고 좌석 배치에 따라 고객에게 제공되기 때문이다. 그러나 적은 인원이 함께 식사하는 경우, 특히 윗사람의 초대를 받았다면 윗사람이 포크를 잡은 후 먹기 시작하는 것이 좋다. 차게 마시는 술은 술이 담긴 부분을 쥐면 손의 체온이 전해져 미지근해지므로 술잔의 다리를 잡고 마신다.

식사 속도는 동석한 사람과 맞춘다. 요리 순서와 식기의 자리를 흩뜨리지 않는다. 식기의 자리를 흩뜨리는 것은 서빙을 할 종업원이나 초대한 주인을 당황하게 하는 행동이다. 음식은 적당한 크기로 잘라 입을 다문 채 소리 내지 않고 먹는다. 음식에 이물질이 있다면 동석자가 모르게 종업원을 불러 바꿔달라고 요구하도록 하며, 이물질을 자신이 건지려고 하지 않는다. 만약, 레스토랑이 아닌 집에 초대된 경우 이물질이 나왔다면 주인 모르게 자신이 조용히 처리하여 주인이 당황하지 않게 배려한다. 재채기나 하품 등이 실수로 나왔다면 옆에 앉은 사람에게 사과하고, 큰소리로 웃고 떠들거나 트림을 하지 않는다. 식탁에서 화장을 고치거나 이쑤시개 등을 사용하는 것은 실례이다.

서양식 뷔페를 먹을 때는 코스 요리를 먹는 것처럼 전채, 수프, 생선, 육류, 디저트 순으로 먹는 것이 요령이다. 뷔페 테이블을 따라가며 음식을 담을 때는 시계 방향으로 움직인다. 한 번에 많이 담기보다는 수프, 찬 음식, 더운 음식, 디저트 순으로 3~4회에 걸쳐 가져오는 것이 음식 본래의 맛을 느끼기 위한 방법이다. 커피나 차는 식후에 자리에서 제공받을 수 있고, 와인 및 기타 음료는 추가 요금을 지불하면 제공받을 수 있다.

식사는 유쾌한 마음으로 느긋하게 한다. 자연스럽게 옆 사람과 대화하며 멀리 있는 사람에게 큰 소리로 이야기 하지 않도록 한다. 대화를 할 때는 정치, 종교, 금전 등의 무거운 주제는 삼가고, 여행이나 문화예술, 스포츠 등의 가벼운 이야기를 한다. 한 가지 화제보다는 다양한 화제로 대화를 하는 것이 좋으며, 혼자 대화를 주도하거나 계속 침묵하지 않는다. 만남 후에 전화나 메일로 감사 인사를 전한다면 관계를 더욱 부드럽게 할 수 있을 것이다.

03 국가별 테이블 매너

● 중국

중국음식은 다양한 식재료와 향신료를 사용하기로 유명하다. 녹말을 많이 사용하고 기름지지만 전체적으로 조화롭고 균형이 잡혀 있다. 또한, 건강을 고려한 음식이 많다. 식사 초대는 최고의 호의이므로 받아들이는 게 좋고, 주인에게 감사 표시를 잊지 말아야 한다. 식당에서 식사를 했을 경우 음식값은 주빈이 지불하고, 주빈이 없으면 누가 낼지 의논하여 정한다. 차가운 전채 요리부터 수프, 돼지고기, 닭고기, 채소류, 소고기류, 생선류 순서로 주문한다. 회전판은 찬 음식에서 뜨거운 음식 순서로, 시계방향으로 돌린다. 조용히 음식만 먹는 것은 실례이므로 서로 음식을 떠주기도 한다. 서양과는 다르게 음식을 먹을 때 쩝쩝대거나 후루룩 소리를 내어도 된다. 작은 사기 수저는 개인용 음식을 먹을 때 사용하고, 큰 금속 수저는 공동요리를 개인 접시에 옮길 때 사용한다. 술잔이 비면 계속 술을 따라주기 때문에 그만 마시고 싶을 때는 잔을 엎어 놓도록 한다. 식사 중 상대방 앞에서 생선을 뒤집으면 절교를 의미하므로 조심해야 한다.

함께 식사를 하며 시간을 보내는 것은 중국 파트너와 좋은 관계를 맺는다는 의미다. 식사 중에 중요한 계약이 이루어지는 경우가 많으며, 사업상의 식사에는 배우자를 동반하지 않는다.

● 일본

일본요리를 먹을 때는 밥공기, 국 공기를 들어 입으로 가져가 식사해도 된다. 국은 숟가락으로 먹는 것이 아니라 그릇을 들고 젓가락으로 쓸어 넣듯 먹는다. 멀리 있는 음식을 젓가락으로 당기거나, 공동음식을 공동젓가락이 아니라 개인용 젓가락으로 먹는 것은 실례이다. 첨잔을 미덕으로 생각한다. 장국 그릇의 뚜껑은 본인이 열며, 상대방 것을 열어주지 않도록 한다. 밥 위에 반찬을 올려서 먹지 않도록 한다. 식사 중 녹차나 맥주를 같이 마시는 것을 좋아한다. 생선

요리는 머리 쪽에서부터 먹으며 뒤집지 않는다.

식당에서 주문은 주빈이 하고, 음식값을 낼 사람이 먼저 종업원에게 계산서를 요구한다. 남성끼리 통하는 술 문화가 여성에게는 불리하게 적용되므로 여성은 술을 마시지 않는 것이 좋으며, 취한 듯 보이지 않는 것이 좋다. 남성이 술을 마시지 않을 경우에는 건강 등의 이유를 이야기하며 사양하되 미안함을 표시한다. 함께 식사하는 것은 사업상 중요한 역할을 한다. 일본 파트너에게 식사 초대를 받으면, 다시 그 파트너를 초대하는 것이 예의이다.

● 인도

인도음식의 특징은 독특한 향신료이다. 향신료의 종류도 겨자, 칠리, 계피, 타마린드 등 다양하다. 그중 유명한 마살라는 외국인들이 적응하기는 쉽지 않은 향신료이다. 인도 북부지방의 음식은 주로 밀가루로 만든 차파티나 난을 주식으로 한다. 인도 남부지방은 쌀이 많이 생산되어 밥을 주식으로 한다. 힌두교도들은 소를 신성시하여 소고기를 먹지 않고, 이슬람교도는 돼지고기를 부정히여겨 먹지 않는다. 왼손은 부정하다고 생각하기 때문에 전통적으로는 오른손으로만 식사를 하지만, 식당에서는 나이프와 포크를 쓴다.

주요리는 한꺼번에 나오는데 가벼운 것에서 무거운 것 순서로 먹는다. 생선, 닭고기, 양고기 순서이다. 채식주의자가 흔하므로 사전에 채식 여부를 묻는다. 어른이 먼저 앉으면 앉고, 다른 사람이 식사를 마칠 때까지 함께 앉아 있는다. 절대 거리에서 술을 마시지 않으며, 인도 사람 중에는 술을 마시지 않는 사람이 많으므로 함부로 권하지 않는다.

● 프랑스

낭만과 예술의 나라답게 음식에서도 시각적인 면을 강조한다. 아침 식사로 빵에 커피를 곁들여 간단히 먹으나, 요즘은 아침을 든든하게 먹는 사람이 느는 추세이다. 남성이 여성을 에스코트하는 것이 일반적이라 식당에서 남성이 여성의 옷을 걸어주고 의자를 빼주며 착석까지 도와준다. 자리는 종업원의 안내가 있을 때까지 기다린다.

대부분의 테이블 매너는 프랑스에서 비롯되었으므로 식사할 때는 일반 매너를 따른다. 수프를 먹을 때는 무릎에 쏟지 않기 위해 스푼을 안에서 바깥쪽으로 돌려 떠서 먹는다. 샐러드의 야채는 포크로 말아서 먹는다. 먹기 힘든 크기라면 먹을 때마다 한입 크기로 잘라 먹도록 한다. 빵은 나이프를 사용하여 자르지 않고 손으로 한입 크기로 뜯어 먹는데, 이때 부스러기가 떨어져도 괜찮다.

1인분 이상의 치즈를 덜어오지 않는다. 생선요리는 윗면을 다 먹은 후 뒤집지 말고 뼈를 제거한 뒤 아랫면을 먹는다. 비즈니스 차원의 점심 식사는 2~3시간 정도로 오래 하는 편이다. 사업 이야기는 식사의 정식 코스가 끝난 후에 하는 것이 매너이다.

● 그리스

바로 잡은 어패류와 싱싱한 야채를 재료로 하는 그리스 요리는 신선함으로 유명하다. 올리브는 그리스 요리에서 빠질 수 없는 재료이다. 보통 식당에서 만나는 것을 선호하고 집으로 초대하는 것은 흔치 않은 기회이므로 초대를 받으면 꼭 가도록 한다. 식탁 밑에 손이 내려가 있으면 이상하게 생각하므로, 식사할 때 두 손을 식탁 위에 올린다. 더 이상 먹지 않을 경우에는 냅킨을 식탁 위에 올린다. 사람을 식당에 초대하고자 할 때는 어느 식당이 좋은지 상대에게 물어본다. 손님에게 음식을 자꾸 권하는 것이 예의이다. 적어도 식사 시간이 오후 11시까지는 끝나도록 한다.

● 러시아

풍성하게 음식을 차려내고 접시가 비면 계속해서 음식을 덜어주는 것이 식탁문화이다. 손님이 식사 중에 실수하면 민망할까 봐 식사 전에 안주인이 먼저 잔을 넘어뜨리는 센스 있는 풍습이 있다. 여자 손님은 식탁까지 인도하는 것이 예의이다. 빵은 부러뜨려 버터 조각과 함께 먹도록 한다. 건배의 말을 외친 후 함께 술을 마시는데, 이때 마시지 않으면 예의 없게 생각하니 건배할 때마다 아주 조금씩 마시는 것이 좋다. 러시아인과 비즈니스를 할 때는 보드카 한두 잔은 마실 수 있어야 한다.

● 멕시코

보통 아침 식사는 오전 8시, 점심 식사는 오후 2시, 저녁 식사는 오후 9시 이후에 한다. 아침, 점심 식사 중에는 사업적 대화가 쉽고, 저녁 식사는 관계 맺는 시간이다. 멕시코 음식은 유럽과 아메리카 대륙의 특성이 어우러진 독특한 맛을 가지고 있다. 멕시코 요리를 말할 때는 고추를 빼놓을 수 없는데, 약 200여 종이 있으며 맛과 모양이 다양하다. 각종 소스의 재료로 쓰이며 요리의 재료로도 매우 중요하다. 고급 식당에서는 종업원이 자리를 안내한다. 열정적인 토론은 식사의 한 부분이다. 식사 후 계산은 주로 직위가 높은 사람이 한다. 초대를 받았으면 가능한 한 빨리 상대방을 초대하겠다는 말을 한다.

● 오스트레일리아

오스트레일리아는 다양한 이민자들이 유입된 나라로, 기본적으로는 영국식을 바탕으로 하지만 다양한 이민 문화가 반영된 다채로운 음식을 맛볼 수 있다. 바다로 둘러싸인 지리적 특성상 해산물이 풍부하고, 소고기, 양고기로도 유명하다. 기후변화도 뚜렷하여 여러 종류의 과일을 맛볼 수 있다. 품격 있는 자리에서의 테이블 매너는 유럽식과 비슷하지만 사용하지 않는 손은 무릎에 올린다.

캥거루나 에뮤, 악어 등을 주재료로 한 원주민 음식 등 오스트레일리아만의 독특한 음식문화가 있으며, 이러한 요리들은 부시터커(Bush tucker)로 알려져 있다. 보통 단순하고 양이 많으며 소금, 후추 등 몇 가지 양념만 이용해 고기 본연의 맛을 즐긴다. 여럿이서 술 모임을 할 때는 모든 사람이 돌아가며 산다. 기분 낸다고 자주 사면 허세가 심한 사람으로 여겨진다. 초저녁에는 차나 커피를 마시고, 늦은 저녁 시간에 간단한 식사를 한다. 식사 후 배가 부르다는 말은 천하게 여기므로 하지 않는다.

● 뉴질랜드

목축업이 발달한 뉴질랜드는 쇠고기와 양고기가 주식이다. 북섬의 로토루아 지역은 향신료를 사용하지 않고 노천온천의 지열을 이용해 각종 음식을 쪄서 조리한 항이(hangi) 요리가 유명하다. 바다로 둘러싸인 지리적 특성상 생선 요리도 좋다. 식당에 가면 종업원이 자리를 잡아주기를 기다리도록 한다. 술을 팔지 않는 식당이 있으므로 알아둔다. BYO(bring your own) 표시가 있는 식당은 포도주를 가지고 가서 마셔도 되나, 큰 호텔에서는 이러한 경우 봉사료를 식당에 지불한다.

● 이집트

이집트 음식은 그리스, 터키, 팔레스타인, 시리아 등 주변 지역의 영향을 풍부하게 받으면서도 이집트 고유의 특성을 유지하고 있다. 야채 및 제철 과일, 신선한 향료 등을 주재료로 한 단순하고 건강에 좋은 음식들이 많다. 주식은 밀가루 반죽으로 만든 빵이다. 돼지고기를 먹지 않으며 술은 아주 조금 마신다. 많이 먹는 것을 좋아하며, 식탁은 풍성하게 차리는데 더 먹을 수 없으면 남겨도 무방하다. 세 번 거절하면 더 이상 권하지 않는다. 작은 서비스에도 팁을 주어야 한다. 차나 커피를 대접받으면 한 모금이라도 마신다.

● 이스라엘

이스라엘 고유의 독특한 요리들이 많고, 이집트나 터키 음식 등과 비슷한 것도 있다. 정통 유대교인은 코셔(Kosher)라는 규칙에 따라 음식을 먹는데, 이것은 정결한 음식만을 먹으라는 식사 규칙을 의미한다. 유대교인들은 신성하게 도살한 고기만 먹는 관습이 있고, 야채와 유제품을 즐긴다. 돼지고기나 게, 조개 등은 먹지 않는다. 이슬람교도는 알코올류를 전혀 마시지 않으며 유대교도는 마시되 소량 마신다.

참고문헌

1장 자기관리와 인간관계

남상민, 《禮節學-理論과 實際》, 박영사, 1996.

성균관대학교, 〈인성교육 및 체험학습 프로그램 연구보고서〉, 2011.

최영배·한기정·최진영, 《인간관계와 매너의 첫걸음》, 이담북스, 2011.

엄문자·류미현, 《생활문화와 매너》, 건국대학교 출판부, 2005.

브라이언 트레이시, 《성취심리》, 홍성화 역, 씨앗을 뿌리는 사람, 2003.

로타르 J. 자이베르트, 《행복이 가득한 시간》, 류동수 역, 새로운 제안, 2004.

유민봉, 《나를 찾아가는 자기경영》, 미래경영개발연구원, 2003.

숀 아처, 《행복의 특권》, 박세연 역, 청림출판, 2012.

짐 콜린스, 《좋은 기업을 넘어 위대한 기업으로》, 이무열 역, 김영사, 2002.

주희·유청지, 《소학(小學)》, 홍익출판사, 2005

성백효, 《동몽선습 격몽요결》, 전통문화연구회, 2006

2장 행복한 가정, 패밀리 매너

성균관출판부, 《우리의 생활예절》, 성균관, 1997.

토니아 레이맨, 《몸짓의 심리학》, 강혜정 역, 21세기북스, 2011.

정현숙 외, 《결혼학》, 신정, 2003.

로버트 스턴버그, 《사랑의 심리학》, 고선주·조은숙·최연실 역, 도서출판 하우, 1994.

엄문자·류미현, 《생활문화와 매너》, 건국대학교 출판부, 2002.

옥선화·정민자·고선주, 《결혼과 가족》, 도서출판 하우, 2000.

이정우 외, 《삶의 질 향상을 위한 현대생활매너》, 숙명여자대학교 출판국, 2003

정승근, 〈전통혼인음식에 관한 연구〉, 성균관대학교 석사학위 논문, 2003.

조국선, 〈전통혼인례의 사상적 기반에 대한 연구〉, 성균관대학교 석사학위 논문, 2003.

남상민, 《한국 전통 혼인례》, 예학, 2003.

이희재, 〈혼인례의 철학적 의미〉, 《유교 사상 연구》 17집, 한국유교학회, 2002.

사주당 이씨, 《태교신기》, 최삼섭·박찬국 역, 성보사, 1991.

3장 성공과 인간관계를 위한 비즈니스 매너

최애경, 《성공적인 커리어를 위한 인간관계의 이해와 실천》, 청람, 2006.

박광옥, 《매너 있는 교양인을 위한 문화와 예절》, 21세기사, 2013.

김은주, 《이미지 마케팅으로 성공을 부른다》, 한비미디어, 2002.

정영숙, 《성공과 행복을 가져오는 공감 커뮤니케이션》, 높은오름, 2006.

김순향, 《글로벌 리더를 위한 명품리더십》, 21세기사, 2013.

김순향, 《취업과 진로설계 : 꿈을 찾는 로드맵》, 정림사, 2014.

전도근 외, 《성공하는 나를 디자인하는 이미지 바이블》, 해피앤북스, 2006.

임창희 외, 《비즈니스 커뮤니케이션》, 청람, 2010.

오정주·권인아, 《비즈니스 매너와 글로벌 에티켓》, 한올, 2013.

박윤희, 《진로 탐색 및 직업 선택》, 시그마프레스, 2013.

정선영, 《대학생을 위한 진로탐색과 경력개발 프로그램 워크북》, 공동체, 2013.

김모곤 외, 《대학생활설계 : 새로운 만남! 힘찬 출발!》, 공동체, 2013.

도윤경 외, 《혜천품성》, 혜천대학교 교수학습지원센터, 2014.

정하선 외, 《성공적인 취업과 진로지도》, 공동체, 2014.

박정민, 《이미지 메이킹과 서비스 매너》, 정림사, 2009.

김영란 외, 《프로패셔널 이미지 메이킹》, 경춘사, 2012.

이동희, 《매너와 이미지 메이킹》, 형설, 2005.

심윤정 외, 《고객 서비스 실무》, 한올, 2013.

주영애 외, 《매너와 이미지메이킹 플러스》, 신정, 2010.

이형국 외, 《대학생을 위한 진로설계와 취업전략》, 한올, 2010.

이형국 외, 《한권으로 끝내는 진로탐색과 미래설계》, 한올, 2013.

이형국 외, 《한권으로 끝내는 경력개발과 취업전략》, 한올, 2013.

한국인재개발센터 http://www.bestpdc.com

한국청소년리더십센터 http://www.kjlc.co.kr

4장 인생의 가장 특별한 날, 관혼상제

김인옥, 《가정의례연구》, 한국학술정보, 2007.

생활예절교실, 《생활예절과 관혼상제》, 사사연, 2011.

정현숙 외, 《결혼학개론》, 상명대학교 출판부, 1998.

성균관출판부, 《우리의 생활예절》, 성균관, 2005.

5장 디지털 휴머니즘 사회의 커뮤니티 매너

네이버 건강 http://health.naver.com

국가건강정보포털 http://health.mw.go.kr

SCU 서울사이버대 "사이버에티켓"
IT희망나눔 게임/인터넷중독예방상담센터 http://www.hyuno.kr
SC솔루션센터, 법무법인한길, 문정구변호사
한국정보화진흥원 인터넷중독대응센터 http://www.iapc.or.kr
선플운동본부 http://www.sunfull.or.kr

6장 세계와 함께하기 위한 글로벌 매너
강인호 외, 《열린세상 글로벌 매너와 문화》, 기문사, 2007.
김성근 · 정승환, 《GTM 국제매너와 에티켓》, 석학당, 2013.
이향정 · 고선희 · 오선미, 《최신항공업무론》, 새로미, 2010.
이희수 · 이강온, 《80일간의 세계 문화 기행》, 청아출판사, 2009.
전홍진 외, 《글로벌 매너와 비즈니스》, 이프레스, 2012.
정영순 · 한상숙 · 정영주, 《글로벌 매너 요럴땐 요렇게》, 영진미디어, 2007.
최영민 외, 《글로벌 비즈니스 상식과 매너》, 백산출판사, 2008.
대한민국 세관 신고서, 건강상태 질문서
대한항공(수하물 안내) kr.koreanair.com